Karsten
Grimberg

Bachblüten-
therapie für
TIERE

W0070243

Karsten
Grimberg

Bachblüten-
therapie für
TIERE

Wie Sie Ihre Haustiere
heilen können

Die Deutsche Bibilothek – CIP-Einheitsaufnahme

Grimberg, Karsten:
Bachblütentherapie für Tiere : wie Sie Ihre Haustiere heilen können /
Karsten Grimberg. – Landsberg am Lech : mvg-verl., 1996
  (mvg-Paperbacks ; 533)
  ISBN 3-478-08533-0
NE: GT

Das Papier dieses Taschenbuches wird möglichst umweltschonend her-
gestellt und enthält keine optische Aufheller.

© mvg-verlag im verlag moderne industrie AG, Landsberg am Lech

Umschlaggestaltung: Vierthaler & Braun, München
Abbildungen: © Aurum Verlag GmbH, Braunschweig 1991;
Ines Blersch, Stuttgart
Satz: Wolfgang Appun, München
Druck- und Bindearbeiten: Presse-Druck Augsburg
Printed in Germany 080 509/996602
ISBN 3-478-08533-0

Inhalt

Einleitung

Als ich vor ungefähr 15 Jahren mein Studium der Tiermedizin begann, hatte ich keine Ahnung, was für ein Abenteuer da auf mich zukommen sollte. Die klassische Schulmedizin konnte mich von Anfang an nicht zufriedenstellen und so begleiteten mich ständig zwei Fragen: „Warum werden Tiere und Menschen eigentlich krank?" und „Wie kann man wirklich effektiv helfen?"

Schnell ist mir klargeworden, daß man Medizin, Psychologie und Philosophie nicht voneinander trennen kann, genausowenig wie man Körper, Seele und Geist voneinander trennen kann. Das gilt für Tiere und Menschen gleichermaßen und ist keine neue Erkenntnis. Die großen Geisteslehren, berühmte und erfolgreiche Ärzte des Altertums und auch der Gegenwart weisen seit langem auf diese Zusammenhänge hin. Erfreulicherweise macht sich in den letzten Jahren ein Wandel im Denken und im Umgang mit Krankheit bemerkbar. Anstatt ausschließlich nach den Ursachen zu forschen, um diese zu bekämpfen, fragen mehr und mehr Menschen nach einem möglichen Sinn von Krankheit.

Gleichzeitig werden immer mehr Heilmethoden angeboten, die diesem ganzheitlichen Ansatz gerecht werden und auch bei Tieren erstaunliche Ergebnisse hervorbringen. Eine dieser Heilmethoden ist die Bach-Blütentherapie von Edward Bach, mit der ich faszinierende Resultate bei Tieren erzielen konnte. Geniales muß nicht kompliziert und schwierig sein, auch wenn viele Menschen dies bezweifeln. Im Gegenteil, meistens sind gerade die genialen Dinge sehr einfach, wie es die Bach-Blütentherapie beweist. Das Schöne an ihr ist, daß sie von jedermann leicht angewendet werden kann und unsere Tiere gut darauf ansprechen. Es handelt sich um eine sehr sanfte Heilmethode, die für die Tiere keine zusätzliche Belastung bedeutet, vor allem wenn sie von der vertrauten Bezugsperson ausgeführt wird. Die Bach-Blütentherapie hat, soweit heute bekannt, keinerlei Nebenwirkungen und vermag in Situationen Abhilfe zu bringen, in denen die Schulmedizin keinen Rat mehr weiß. Natürlich hat auch die Bach-Blütentherapie ihre Grenzen, weshalb ich jeden Anwender bitten möchte, entsprechende Hinweise zu beachten und verantwortungsbewußt vorzugehen.

Ich freue mich, daß sich immer mehr Menschen für das Wohlergehen unserer Tiere einsetzen. Das vorliegende Buch soll all denen ein nützlicher Ratgeber sein, die ihren oder anderen Tieren in schwierigen Situationen helfen wollen. Es enthält alle wichtigen Informationen, die Sie zur Anwendung der Bach-Blütentherapie benötigen, und ist so aufgebaut, daß auch der Anfänger Erfolg und Freude haben wird.

Die Bach-Blütentherapie

Die Bach-Blütentherapie wurde von dem englischen Arzt, Dr. Edward Bach (1886-1936), entwickelt. Er arbeitete in verschiedenen Bereichen der Medizin, forschte viel und war, bevor er die Bach-Blüten entdeckte, als Homöopath tätig. Seine Erfahrungen brachten ihn zu der Erkenntnis, daß Krankheit eine Disharmonie auf geistiger Ebene ist. Er sah, daß Körper, Seele und Geist nicht zu trennen sind, und appellierte schon damals, nicht die Krankheit zu behandeln, sondern den ganzen Menschen.

Die letzten Jahre seines Lebens widmete er ganz dem Gedanken, eine Heilmethode zu finden, die in der Lage wäre, die negativen Gemütsschwingungen auszugleichen, um so Krankheiten an der Wurzel zu heilen. Gleichzeitig war es sein Wunsch, diese Heilmethode so einfach und ungefährlich zu gestalten, damit sie für jedermann zugänglich sei. So entdeckte er nach und nach die 38 Bach-Blüten.

Wie die Erfahrung zeigte, hat Dr. Edward Bach beide Ziele erreicht. Mit der Bach-Blütentherapie gelang es ihm, eine sehr einfache und verblüffend wirkungsvolle Heilmethode zu entwickeln, so einfach, daß sie jeder, ohne Vorkenntnisse oder ärztlichen Beistand, an sich und bei anderen anwenden kann.

Die Bach-Blüten

Bei den Bach-Blüten handelt es sich um Arzneien, die bis auf „Rock Water" aus Blüten von Blumen, Sträuchern und Bäumen gewonnen werden.

Außerdem werden fünf dieser Blütenessenzen zusätzlich zusammengegeben und bilden so die sogenannten Notfall- oder Rescue-Tropfen. Eine ausführliche Beschreibung der Wirkung der einzelnen Blütenessenzen finden Sie im Kapitel „Die einzelnen Bach-Blüten und ihre Wirkungen".

Inzwischen werden auf dem Markt zahlreiche unterschiedliche Blütenessenzen unter verschiedenen Namen angeboten. Manche kommen in einer Vielzahl von Mitteln vor, die beständig zunimmt. Jeder möge selbst für sich prüfen, was ihm am meisten zusagt. Ich selbst habe mit den Original-Bach-Blütenessenzen ausgezeichnete Erfahrungen gemacht und kann diese überzeugt weiterempfehlen. Meiner Erfahrung nach reichen diese 38 Blütenessenzen vollkommen aus, und überdies ist es einfacher, als mit 100 oder mehr Blütenessenzen zu arbeiten.

Edward Bach fand die 38 Bach-Blüten auf intuitivem Wege. Er konnte die Wirkungsweise der Pflanzen und des Wassers (Rock Water) auf das Gemüt spüren. Für die Zubereitung der Arzneien verwendete er einfache Potenzierungsverfahren, die die Heilkraft der Mittel optimierten. So wurden und werden auch heute noch die Blüten in ihrer vollen Reife gepflückt und ihre Wesensenergie mit Hilfe der Sonne oder der Kochmethode auf Wasser übertragen. Bach wußte die Kräfte der Natur zu schätzen und gezielt zu nutzen. Er hatte erkannt, daß Einfachheit und Genialität zusammengehören, wie es in der ganzen Schöpfung auf wunderbare Weise zum Ausdruck kommt.

Die Wirkungsweise der Bach-Blüten

Über die Wirkungsweise der Bach-Blüten wird viel diskutiert, und manche Menschen streiten jegliche Wirkung ab, da es keinen wissenschaftlichen Nachweis dafür gebe. Die Erfahrung allerdings hat schon sehr vielen Menschen bestätigt, wie wunderbar die Bach-Blüten wirken können. Irgendwann wird auch die klassische Wissenschaft eine Erklärung finden – sofern sie eine finden will. Zum Glück benötigen die Bach-Blüten, die Tiere und auch die Menschen, denen durch sie geholfen wurde, keine Erklärung, es funktioniert auch ohne wissenschaftlichen Beweis.

Über die Wirkungsweise der Bach-Blüten schrieb Edward Bach: „Bestimmte wildwachsende Blumen, Büsche und Bäume höherer Ordnung haben durch ihre hohen Schwingungen die Kraft, unsere menschlichen Schwingungen zu erhöhen und unsere Kanäle für die Botschaften unseres spirituellen Selbst zu öffnen; unsere Persönlichkeit mit den Tugenden, die wir nötig haben, zu überfluten und dadurch die (Charakter-)Mängel auszuwaschen, die unsere Leiden verursachen. Wie schöne Musik oder andere großartige, inspirierende Dinge sind sie in der Lage, unsere ganze Persönlichkeit zu erheben und unserer Seele näher zu bringen. Dadurch schenken sie uns Frieden und entbinden uns von unserem Leiden. Sie heilen nicht dadurch, daß sie die Krankheit direkt angreifen, sondern dadurch, daß sie unseren Körper mit den schönen Schwingungen unseres höheren Selbst durchfluten, in deren Gegenwart die Krankheit hinwegschmilzt wie Schnee an der Sonne. Es gibt keine Heilung ohne eine Veränderung in der Lebenseinstellung, des Seelenfriedens und des inneren Glücksgefühls."

Ich möchte Ihnen an dieser Stelle kurz meine Ansicht über die Wirkungsweise der Bach-Blütenessenzen erläutern. Sie erhebt keinen Anspruch auf absolute Wahrheit, sondern ist ein Versuch, dem hungrigen Verstand etwas Nahrung zu geben. Stellen Sie sich den Menschen oder das Tier einmal als eine harmonische Zusammenstellung verschiedener Schwingungen vor, als weißes Licht. Weißes Licht ist die Zusammenstellung aller Farben. Befindet sich dieses Schwingungsspektrum in Disharmonie, weil eine Farbe fehlt, ruft das möglicherweise körperliche Krankheitssymptome hervor.

Gelingt es, diese Disharmonie wieder auszugleichen, indem die fehlende Farbe hinzugefügt wird, so führt das zu erneuter Gesundheit. Jede Bach-Blüte beinhaltet ein bestimmtes Schwingungsspektrum und vermag dadurch entsprechende Disharmonien auszugleichen. Diese Metapher soll dem leichteren Verständnis dienen – sie ist kein idealer Vergleich.

Letztendlich dienen die Bach-Blüten als Katalysator, d.h., sie starten, beschleunigen oder unterstützen einen Entwicklungsprozeß und aktivieren die Selbstheilungskräfte auf ganz erstaunliche Weise. Die Voraussetzung für jede Heilung ist Veränderung, denn Leben bedeutet Entwicklung und Veränderung. Wenn diese nicht stattfindet, kann keine wirkliche Heilung erfolgen. Hier möchte ich ganz deutlich darauf hinweisen, daß Entwicklungsprozesse auch unbewußt ablaufen können. Kinder und Tiere beweisen uns dieses immer wieder.

Bezugsquelle der Original-Bach-Blütenessenzen

Dr. Edward Bach Centre
Eppendorfer Landstraße 32
20249 Hamburg

Tel.: 040-461041

Warum werden unsere Tiere krank?

Ich habe lange Zeit nach den Krankheitsursachen von Tieren geforscht und dabei festgestellt, daß man dieses Spiel beliebig weitertreiben kann. Sobald man eine Krankheitsursache gefunden hat, drängt sich jedem ernsthaften Forscher die Frage nach dem „Warum" auf, denn jeder gefundenen Ursache liegt ja wiederum eine Ursache zugrunde.

Woher stammen die Viren oder die Bakterien, die vielfach als Ursache bekämpft werden, und warum führen sie bei dem einen zur Krankheit und beim anderen nicht? Die gängige Antwort auf diese Frage verweist auf die unterschiedliche Ausprägung und Stärke der körpereigenen Immunabwehr. Aber warum hat der eine ein geschwächtes Abwehrsystem und der andere nicht? Liegt es an der Ernährung? Warum ernährt sich der eine sehr gesund und der andere miserabel? Die Fragenkette ließe sich noch endlos weiterführen

Ursachentherapie, wie ich sie jetzt einmal nennen möchte, kann eigentlich erst beginnen, wenn ich die wirkliche hinter allem stehende Ursache kenne. Mit anderen Worten: Erst wenn wir das Leben wirklich verstehen, können wir die diversen Geschehnisse einordnen und dann, sofern es überhaupt noch einen Sinn macht, Einfluß ausüben.

Doch von diesem Verständnis ist die klassische Wissenschaft noch weit entfernt. Trotz jahrhundertelanger Ursachenforschung weiß sie bis heute nicht einmal, warum eine Zelle lebt, warum sie stirbt oder wodurch bestimmte Formen zustande kommen.

Das gravierende Problem hierbei ist gar nicht, daß wir nicht alles wissen oder verstehen, sondern daß viele so tun, als ob sie alles wüßten. Dadurch wird das Erkennen der wahren Zusammenhänge und Ursachen gebremst, denn nur eine offene und unvoreingenommene Haltung vermag Neues zu entdecken.

Vor diesem Hintergrund erscheint die Frage nach dem „Warum" in einem ganz anderen Licht. Die Frage nach den wirklichen Ursachen ist offensichtlich noch nicht geklärt, und es drängt sich die Frage auf, ob dies tatsächlich der richtige Ansatz ist, mit Krankheit umzugehen.

Was ist Krankheit?

Gibt es also demnach noch andere Ansätze, mit Krankheit umzugehen? Im wesentlichen unterscheidet man zwei verschiedene Auffassungen. Die Vertreter der einen Seite vertreten die Meinung, daß Krankheit etwas ist, was von der Norm abweicht und dem betroffenen Tier oder Menschen schadet. Dementsprechend lautet ihr Ziel, die Ursache einer Krankheit zu erkennen, um Einfluß auf das Geschehen zu nehmen und den „normalen" Zustand wieder herzustellen.

Meine langjährige Suche hat mich jedoch zu der Erkenntnis geführt, daß Krankheit genauso zum Leben gehört wie Gesundheit und absolut von keiner „Norm" abweicht. Krankheit ist ein Teil dieser polaren Welt. So wie es keinen Tag ohne Nacht, kein Weiß ohne Schwarz gibt, so gibt es Gesundheit nur, weil es auch Krankheit gibt.

Soweit wir die Menschheitsgeschichte zurückverfolgen können, war der Kampf gegen Krankheiten stets ein vorrangiges Anliegen. Bei allem Fortschritt, den man dabei erzielt hat, hier vor allem in den letzten 100 Jahren, ist eines doch bemerkenswert: Obwohl viele „Krankheiten" ganz oder zum großen Teil eliminiert wurden, hat sich die durchschnittliche Zahl der Erkrankten nicht senken lassen. Im Verhältnis gibt es heute immer noch so viele Kranke wie vor 100 Jahren. Dies macht deutlich, daß der Kampf gegen Krankheiten offenbar nicht der richtige Ansatz ist. Nimmt man die Definition von Krankheit als Basis, dann wird dies um so mehr deutlich. Die Weltgesundheitsorganisation (WHO) definiert Gesundheit als das

Wohlbefinden auf der körperlichen, der seelischen und der sozialen Ebene.

Einfach ausgedrückt bedeutet Krankheit demnach ein Nichtwohlbefinden oder Unwohlsein. Gemäß dieser Definition wird klar, daß Krankheit nichts Unnormales ist. Ich kenne niemanden, den nicht immer wieder mal das Gefühl des Unwohlseins packt, wobei man auch hier Veränderungen und Entwicklungen beobachten kann. Meine Erfahrungen mit Tieren haben gezeigt, daß es ihnen nicht anders als dem Menschen ergeht.

Die Vertreter des zweiten Ansatzes fragen nicht so sehr nach der Ursache von Krankheiten, sondern forschen vielmehr nach ihrem möglichen Sinn. Das führt uns zu der Frage: „Hat Krankheit einen Sinn?"

Hat Krankheit einen Sinn?

Geht man davon aus, daß dem Leben ein tieferer Sinn zugrunde liegt, daß eine Evolution hin zu einem, wenn auch unbestimmten, Ziel stattfindet und daß alles, was geschieht, diesem tieferen Sinn dient, dann hat auch jede Krankheit einen Sinn und dient letztendlich diesem übergeordneten Ziel. Dabei ist es gar nicht so wichtig, das Ziel zu kennen, denn offensichtlich steuert das Leben auch ohne unser Zutun darauf zu. Die Frage nach der Ursache von Krankheiten wird aus dieser Perspektive relativ bedeutungslos. Die Frage müßte vielmehr lauten: „Wie kann ich die Entwicklung unterstützen und damit die Krankheit so bald wie möglich überflüssig machen?"

Dr. Edward Bach, der Begründer der Bach-Blütentherapie, sagt dazu: „Krankheit ist weder Grausamkeit noch Strafe, sondern einzig und allein ein Korrektiv, ein Werkzeug, dessen sich unsere eigene Seele bedient, um uns auf unsere eigenen Fehler hinzuweisen, um uns von größeren Irrtümern zurückzuhalten, um uns daran zu hindern, mehr Schaden anzurichten – und

uns auf den Weg der Wahrheit und des Lichts zurück-
zubringen, von dem wir nie hätten abkommen sollen."

In diesem Sinne ist das Ziel der Bach-Blütentherapie die
Unterstützung der Entwicklung, damit Krankheit überflüssig
wird.

Tierhaltung – ein entscheidender Faktor

Was ist denn nun mit unseren Tieren? Ist es bei ihnen genauso
wie beim Menschen?

Die Antwort lautet ja, weil für unsere Tiere oben Gesagtes
gleichermaßen zutrifft. Auch in der Krankheit der Tiere liegt
ein Sinn und eine Absicht, genau wie alles andere eine Ursache
hat.

Eine Besonderheit ergibt sich allerdings dadurch, daß
Haustiere mehr oder weniger in unmittelbarer Nähe des Menschen leben, der ihre Lebensumstände im wesentlichen bestimmt. Daß dieser Aspekt in bezug auf ihre Gesundheit von
immenser Bedeutung ist, zeigt ein Vergleich mit wildlebenden
Tieren. Auch bei den Wildtieren kommen Krankheiten vor,
aber viel seltener als bei Haustieren. Zahlenmäßig verglichen,
bilden sie nahezu eine Rarität.

Hier drängt sich wieder die Frage nach dem „Warum" auf,
die in direktem Zusammenhang zu unserer Frage steht:
„Warum sind unsere Tiere krank?" Vielleicht findet sich hier
ein Schlüssel für den Umgang mit Krankheiten, der auch uns
Menschen nützlich sein kann.

Ich denke, für die meisten Menschen ist es leicht nachvollziehbar, daß Tiere, die nicht ihrer Art entsprechend leben
können, krank werden. Ein Vogel braucht das Fliegen so sehr
für sein Wohlergehen wie ein Hund seinen Auslauf. Ein
Hamster gehört genausowenig in einen Käfig, wie ein Pferd
nicht den ganzen Tag in einer Pferdebox verbringen sollte. Ich
könnte hier noch viele Beispiele aufzählen, wo es dem gesun-

den Menschenverstand nicht schwerfallen dürfte, mögliche Krankheitsursachen zu erkennen.

Eine nichtartgerechte Tierhaltung ist mit der häufigste Grund, warum unsere Tiere krank werden. Zu einer artgerechten Tierhaltung gehört natürlich auch die entsprechende Ernährung. Nun gibt es unterschiedliche Meinungen, was denn nun wirklich artgerecht ist und was nicht – eine überflüssige Diskussion, wie mir scheint. Kennen wir doch nahezu für jedes unserer Haustiere eine entsprechende wildlebende Art, die wir einfach nur beobachten müßten, um zu erkennen, was für eine artgerechte Tierhaltung nötig ist. Dabei spielt es keine Rolle, ob wir verstehen, warum die Tiere sich so verhalten oder in welchen Verhältnissen sie leben. Etwas als überflüssig oder unwichtig zu bezeichnen, nur weil man keinen Sinn darin erkennen kann und es nicht versteht, ist ein sehr naiver Ansatz. Die Erfahrung lehrt, daß in der Natur alles seinen Sinn und seine Aufgabe hat.

Bei manchen Tierarten, wie z.B. beim Hund, ist die Domestizierung so weit fortgeschritten, daß ein direkter Vergleich mit ursprünglich wildlebenden Arten nicht unbedingt sinnvoll ist. Trotzdem gibt uns dieser erste Vergleich genügend Rückschlüsse, um das Wesen und das Verhalten des Hundes zu verstehen und daraus eine artgerechte Haltung herzuleiten.

Wer also ernsthaft, im Sinne des Tieres, nach den natürlichen Lebensbedingungen sucht, wird erkennen, was sein Tier braucht, um lange gesund zu bleiben. Wer aber statt dessen nur eine Bestätigung sucht, um sein Tier weiterhin zu seinem persönlichen Vorteil zu nutzen, wird auch nur die Dinge sehen, die sein Verhalten zu rechtfertigen scheinen. Deutlich wird dies vor allem in der Nutztierhaltung, wo Produktivität und Ertrag einen höheren Stellenwert haben als die Gesundheit der Tiere.

Aber auch hier zeichnet sich ein Wandel ab. Ich freue mich, daß immer mehr Tierhalter erkennen, daß mit einer artgerechten Haltung der Nutztiere auch die Produktivität ihr Maximum erreicht. Allerdings bezieht sich diese Produktivität nicht nur auf die Quantität, sondern vor allem auf die Qualität. Mit dem steigenden Gesundheitsbewußtsein der Menschen findet ein Wandel statt, der im Bereich der Nutztierhaltung große Veränderungen zum Wohle der Tiere mit sich bringen wird.

Sofern ein Tier seinem Wesen entsprechend leben kann, wie das in der Natur normalerweise der Fall ist (d.h., es kann jeglichen Trieb, sei es das Bedürfnis nach Fressen, Bewegung, Spiel oder Ruhe usw. ausagieren), dann sind Krankheiten selten. Je mehr die Tiere allerdings in ihrer Bewegungsfreiheit eingeschränkt sind, um so häufiger sind sie krank. Sie sind vor allem für chronische Krankheiten anfällig, die nur wenig oder gar nicht auf eine Therapie ansprechen, und haben eine deutlich verkürzte Lebenserwartung.

Alle Krankheiten, die auf eine nicht artgerechte Haltung zurückzuführen sind, dienen dem Ziel, korrigierend einzugreifen. Die beste Therapie wird versagen, wenn die Krankheitsursache anhält. Wenn ich mir die Hand verbrenne, sind alle daraufhin folgenden Symptome ein Ausdruck des Heilungsprozesses und führen über kurz oder lang zur Wiederherstellung des ursprünglichen Zustands. Halte ich meine Hand aber immer wieder ins Feuer, laufen zwar die Heilungsprozesse auf vollen Touren, aber ich werde nicht gesund.

Genauso ergeht es vielen Tieren, die sich nicht an die extremen Haltungsbedingungen gewöhnen können. Sie werden immer wieder krank. Manche Therapien sind zwar in der Lage, bestimmte Symptome, die ja nur die äußere Erscheinung der Krankheit sind, erfolgreich zu bekämpfen, aber das hat nichts mit Heilung zu tun. Die Krankheit wird sich einen neuen Weg suchen, um zu zeigen, daß etwas nicht stimmt. Dieser Zusammenhang erklärt, daß Krankheit an sich ein singulärer Begriff ist. Es gibt nur eine Krankheit, genau wie es nur eine Gesundheit gibt. Entweder man ist gesund, oder man ist krank. Das, was allgemein als unterschiedliche Krankheiten bezeichnet wird, sind nur die verschiedenen Ausdrucksformen von Krankheit, die sogenannten Krankheitsbilder oder Symptome.

Für Mensch und Tier gibt es zwei grundsätzliche Möglichkeiten, auf veränderte Lebensbedingungen zu reagieren. Entweder es findet eine Anpassung statt, oder es kommt zur

Krankheit. Das Ziel jeder Entwicklung ist Veränderung und Wachstum. Je nachdem, wie schnell sich der Organismus anpassen kann, bleibt Krankheit aus oder nicht. In der Praxis liegt meistens eine Mischung von beidem vor. Zu Anfang einer Veränderung, die z.B. eine Futterumstellung, ein Besitzerwechsel, Klimaveränderungen usw. sein kann, reagieren Tiere meist mit körperlichen Symptomen, die wieder verschwinden, wenn eine Anpassung stattgefunden hat. Nun ist das Anpassungsvermögen unserer Tiere sehr unterschiedlich. Der Hund z.B. ist in seiner Anpassungsfähigkeit geradezu zu bewundern. Aber auch hier gibt es Grenzen, die nicht nur von der Tierart abhängig sind, sondern von dem individuellen Tier – genau wie beim Menschen auch.

Kann sich ein Tier nicht anpassen, wird es krank, bleibt krank und stirbt über kurz oder lang. Dies ist der normale Weg der Evolution. Sämtliche Versuche, den Ausdruck der Krankheit, die Symptome, zu beseitigen, sind zum Scheitern verurteilt. Es kommt zu einer sogenannten Symptomverschiebung, aber keinesfalls zur Heilung. Die zahlreichen chronischen Krankheitsverläufe, die auf keine Therapie ansprechen, sind deutliche Beweise hierfür.

Wie gesagt sind die Grenzen der Anpassungsfähigkeit individuell sehr unterschiedlich gesteckt, und es gibt keine Skala, an der man ablesen kann, was ein Tier ertragen kann und was nicht. Es gibt Ansätze und Möglichkeiten, diese Grenze zu verschieben, damit das Tier noch mehr leisten bzw. extreme Lebensbedingungen akzeptieren kann, ohne krank zu werden, doch das ist nicht die Absicht einer ganzheitlichen Heilmethode und auch nicht mein Bestreben.

Ist ein Tier krank, vor allem wenn es sich um chronische Zustände handelt, gilt es zunächst einmal, seine Lebensbedingungen zu untersuchen und gegebenenfalls zu korrigieren. Ich will an dieser Stelle nicht auf alle denkbaren Haustiere und Fälle eingehen, das würde den Rahmen dieses Buches sprengen. Im Kapitel „Was braucht mein Tier?" finden Sie diesbezüglich aber einige Anregungen, die Ihnen helfen werden, die entsprechende artgerechte Haltung selbst herauszufinden.

Energiefelder als Krankheitsursache

Neben den obengenannten Krankheitsursachen gibt es noch einen weiteren Ursachenkomplex, den ich im folgenden näher erläutern möchte. Er besitzt eine sehr große Bedeutung, auch wenn diese Zusammenhänge noch vielen Menschen unbekannt sind. Phänomene, die für viele unerklärbar sind, erhalten vor diesem Hintergrund einen Sinn.

Die Überschrift „Energiefelder als Krankheitsursache" mag etwas befremdlich und nichtssagend klingen. Lassen Sie mich deutlicher machen, was ich damit meine.

Wir alle reagieren auf äußere Umstände – ich nenne sie einmal Energiefelder. Wenn wir in die Stadt gehen und dem Kaufrausch verfallen oder im Spielkasino vom Spieltrieb oder der Geldgier gepackt werden, dann sind das nur einige herausragende Beispiele dafür, wie die Umgebung, in der wir uns befinden, einen Einfluß auf uns ausübt. Diese Energiefelder, in denen wir uns aufhalten, haben eine Wirkung auf uns. Wir nutzen diesen Effekt, indem wir einen Spaziergang im Wald machen und dadurch ruhig und entspannt werden. Die meisten Menschen bevorzugen die Gesellschaft von optimistischen und fröhlichen Menschen, da dieses Energiefeld eine angenehme Wirkung auf sie hat. Diese Energiefelder wirken, auch wenn wir uns dessen nicht bewußt sind.

Viele Eltern können ein Lied davon singen, wie ihre Kinder z.B. bei Streit in der Familie plötzlich krank werden. Kinder wie auch Tiere reagieren auf ihre Umgebung mit all ihren Geschehnissen sehr intensiv – sie haben sozusagen besonders sensible Antennen.

Woher kommen nun diese Energiefelder, und wie entstehen sie? Jedes Ding, egal ob Lebewesen oder nicht, bildet um sich herum ein Energiefeld. Allerdings sind die Energiefelder bei Lebewesen und insbesondere beim Menschen kräftiger. So ist es nicht verwunderlich, wenn Tiere nach einer gewissen Zeit ähnliche Verhaltensweisen und Charaktereigenschaften wie ihre Besitzer zeigen – ein Phänomen, das vielfach untersucht und bestätigt wurde. Besonders der hochgradig anpassungsfähige Hund, der obendrein sehr sensibel ist, wird durch das von seinem Besitzer geprägte Energiefeld so beeinflußt, daß er früher oder später ähnliche Verhaltensweisen an den Tag legt. „Wie der Herr, so's Gescherr", sagt der Volksmund dazu und meint damit genau diese Wirkung.

Je intensiver das Verhältnis zwischen Mensch und Tier, desto mehr gleicht sich das Tier im Verhalten und Charakter dem Menschen an. Auch dieses Phänomen läßt sich sehr schön beim Hund beobachten, da er im allgemeinen das innigste Verhältnis zum Menschen hat.

Aggressive Hunde, die, wie es heißt, bißwütig Menschen bedrohen, trifft oft keine Schuld an ihrem Verhalten. Meistens sind deren Besitzer oder Bezugspersonen sehr aggressiv, was aber nicht deutlich zum Ausdruck kommen muß. Oft können diese Menschen mit ihrer eigenen Aggressivität nicht umgehen oder lehnen sie ab und unterdrücken sie. Trotzdem speichert das Energiefeld, das sie ausstrahlen, diese Aggressivität, die vom Hund aufgenommen und dann früher oder später deutlich ausgedrückt wird. Dies ist nur ein Beispiel von vielen.

Genau wie die Aggressivität kann auch jede andere Eigenart des Menschen vom Tier übernommen werden. Ob das nun Mut, Feigheit, Trägheit, Freundlichkeit oder eine depressive Haltung ist, spielt dabei keine Rolle. Tiere nehmen jedes Energiefeld wertfrei auf, egal ob sich dieses auf Charaktereigenschaften, Verhaltensweisen oder auf die Gesundheit auswirkt. Schattenseiten, unterdrückte Gefühle und unbewußte Lebensmuster der ihnen nahestehenden Menschen nehmen sie wahr und bringen sie zum Ausdruck.

Das Gleiche gilt auch für Krankheiten. Jedes Krankheitssymptom ist letztlich nur ein Ausdruck innerer Vorgänge, die sich ebenfalls im Energiefeld des jeweiligen Individuums manifestieren. Ein Tier oder ein Mensch, der sich in diesem Energiefeld aufhält, nimmt diese Tendenzen auf und entwickelt identische oder ähnliche Symptome. Das ist der Grund, warum Tiere und ihre Bezugspersonen so oft unter ähnlichen Beschwerden leiden. Wie weit diese Beeinflussung geht, hängt von verschiedenen Faktoren ab. Zum einen ist die Kraft des Energiefelds von Bedeutung, zum anderen die Resonanzfähigkeit des Empfängers. Offensichtlich gibt es da sehr große Unterschiede.

Oft zeigen Hunde auch schon vor den Bezugspersonen Krankheitssymptome, wodurch der Eindruck entsteht, daß diese mit der Bezugsperson nichts zu tun haben, die angeblich völlig gesund ist. Durch ihre Sensibilität und Offenheit für das vorherrschende Energiefeld bringen Hunde ein energetisches Ungleichgewicht oftmals früher zum Ausdruck als der Mensch. Indem sich der Mensch dann mit der Krankheit des Hundes beschäftigt und sich dabei, wenn auch meistens unbewußt, mit dem eigenen Problem auseinandersetzt (auf energetischer Ebene), kann sich das Blatt wenden. Das Energiefeld ändert sich, der Hund wird gesund – und beim Menschen kommt es erst gar nicht zu körperlichen Symptomen. Das ist eine Art, wie Tiere zum Wohlergehen des Menschen beitragen. Noch viel mehr unterstützen sie den Menschen durch ihr eigenes Energiefeld, dessen heilsame Wirkung schon manche Ärzte erkannt haben. So hat sich in Untersuchungen in Altenheimen gezeigt, daß die Sterblichkeitsrate stark zurückging, wenn den Bewohnern gestattet wurde, Haustiere mitzubringen bzw. zu halten. Die Tiere trugen durch ihr Vorhandensein erheblich zu einer besseren Kommunikation der Bewohner untereinander, zu mehr Zufriedenheit und letztlich zur Gesundheit bei.

Zusammenfassend kann man sagen, daß die Krankheiten unserer Haustiere entweder durch eine nichtartgerechte Haltung oder durch das Leben in einem entsprechend Energiefeld verursacht werden. Bemerkenswert ist, daß für beides in erster Linie der Mensch verantwortlich ist. Er bestimmt die Haltungsbedingungen, die Ernährung und beeinflußt am stärksten die Qualität des Energiefeldes, in dem das Tier lebt.

Was Sie im Umgang mit kranken Tieren wissen sollten

Ich freue mich, daß immer mehr Menschen um das Wohlergehen der Tiere bemüht sind und sich für die Naturheilkunde interessieren. Unter diesem Vorzeichen ist dieses Buch geschrieben. Es will eine Anleitung zum Umgang mit kranken Tieren geben und zugleich auch eine effektive Behandlungsmöglichkeit vermitteln – die Bach-Blütentherapie.

Wie die meisten Therapiemethoden hat auch die Bach-Blütentherapie ihre Grenzen. Ein angefahrenes Tier mit schweren Verletzungen und starken Blutungen bedarf der chirurgischen Versorgung, um nur ein Beispiel zu nennen. Einen solchen Fall ausschließlich mit den Bach-Blüten heilen zu wollen wäre höchst verantwortungslos und nicht im Sinne des Tieres.

Wo aber liegen nun konkret die Grenzen der Bach-Blütentherapie? Aus meiner Erfahrung weiß ich, daß die Bach-Blüten Beachtliches leisten können, und das gilt insbesondere auch für akute und kritische Situationen. Gerade hier entfalten sie erstaunliche Wirkungen. Wo genau die Grenze für die Anwendung der Bach-Blütentherapie liegt, kann ich nicht exakt beantworten. Im Laufe der Zeit hat sich diese Grenze mit meiner wachsenden Erfahrung immer mehr verschoben.

Natürlich gibt es eindeutige Fälle. Dazu gehören vor allem die Tiere mit starken Verletzungen, Frakturen, Vergiftungen und bestimmten Infektionskrankheiten. Diese Fälle sind aber von einem Laien, d.h. jemandem, der in der Tierheilkunde nicht ausgebildet ist, nicht immer eindeutig zu erkennen. Deshalb möchte ich an jeden appellieren, der sich in irgendeiner Weise mit Tieren beschäftigt, stets verantwortungsbewußt zu handeln. Das bedeutet, jeden zweifelhaften, kritischen und lebensgefährlichen Fall einem Tierarzt oder einem Tierheilpraktiker vorzuführen.

Im folgenden finden Sie die wichtigsten Anzeichen, an denen man Fälle erkennen kann, die im Zweifelsfall unbedingt zu einem Tierheilkundigen gebracht werden sollten:

* plötzliche drastische Veränderungen im Verhalten des Tieres, indem es etwa nur noch herumliegt oder aber überaktiv und unruhig ist
* plötzliches Erbrechen und Durchfall, vor allem wenn Blutbeimengungen erkennbar sind
* Futterverweigerung, die länger als ein bis zwei Tage andauert
* Signale, die auf starke Schmerzen hinweisen, wie z.B. Schreien, sich am Boden wälzen, starke Verkrampfungen
* hohes Fieber oder Untertemperatur. Die Körpertemperatur wird von verschiedenen Faktoren beeinflußt und unterliegt geringen Schwankungen, die je nach Tierart unterschiedlich sind. Die Spanne, die mehr oder weniger unkritisch, d.h. nicht unbedingt lebensbedrohlich ist, liegt bei Hund und Katze zwischen 38 °C und 39,5 °C. Beim Pferd zwischen 37 °C und 38,8° C. Diese Werte gelten nicht für Neugeborene und Jungtiere. Besorgen Sie sich ein bruchsicheres Thermometer und Vaseline, und messen Sie die Körpertemperatur, indem Sie das Thermometer vorsichtig in den After des Tieres schieben.

Grundsätzlich sollten Sie, wann immer Sie unsicher sind oder ein ungutes Gefühl haben, einen Tierheilkundigen zu Rate ziehen – lieber einmal zuviel gefragt ...

Während einer Krankheit verhalten sich Tiere in der Regel instinktiv richtig. Das sollte man beachten und fördern, um den Heilungsprozeß nicht unnötig zu behindern. Wenn ein Tier also nicht richtig fressen will, dann zwingen Sie es nicht dazu; wenn es sich zurückziehen und alleine sein will, dann gewähren Sie ihm die Möglichkeit.

Seien Sie aufmerksam, und versuchen Sie, Ihrem Tier das zu geben, was es gerade braucht. Manchmal sind Wärme und Zuneigung das beste Heilmittel. Die Gegenwart eines vertrauten Menschen und seine optimistische und beruhigende Ausstrahlung unterstützen den Heilungsprozeß enorm, wie sich immer wieder gezeigt hat. Scheuen Sie sich nicht, Ihr Tier häufig zu berühren und leicht zu massieren. Es wird Ihnen schon signalisieren, ob und wo es ihm guttut.

Jeder Mensch trägt das Potential in sich zu heilen ähnlich, wie es die Bach-Blüten vermögen. Bei einer simplen Berührung geschieht viel mehr, als die meisten Menschen vermuten.

Nutzen Sie diese heilende Kraft. Für Ihr Tier ist eine liebevolle Berührung eine Wohltat und ein Genuß, alleine dies kann schon Heilung bewirken.

Was braucht mein Tier?

Wie schon erwähnt, sind eine artgerechte Haltung und Ernährung Grundvoraussetzungen für das Wohlergehen Ihres Tieres. Wie weit sich ein Tier an veränderte Bedingungen anpassen kann, ohne krank zu werden, ist individuell sehr unterschiedlich.

Es würde den Rahmen dieses Buches sprengen, für jedes unserer Haustiere eine ausführliche Beschreibung hinsichtlich seiner artgerechten Haltung und Ernährung zu geben. So möchte ich mich an dieser Stelle auf Hund und Katze konzentrieren und dabei mehr die wesentlichen Grundlagen nennen, als auf Details einzugehen. Für weitere Hinweise informieren Sie sich am besten ausführlich in Fachbüchern oder bei Ihrem Tierarzt oder Tierheilpraktiker.

Grundsätzlich gilt es bei der Haltung von Tieren drei Hauptaspekte zu beachten:

1. Jedes Tier sollte die Möglichkeit haben, seiner Art entsprechend zu leben. Dazu gehören auch adäquate klimatische und räumliche Voraussetzungen. Ein Vogel, der keine Möglichkeit zum Fliegen hat, lebt nicht artgerecht. Tiere aus tropischen Regionen benötigen ein anderes Klima als das mitteleuropäische, um nur zwei Beispiele zu nennen. Ausreichende Bewegung ist für das Wohlergehen und damit für die Gesundheit unerläßlich.
2. Die Ernährung sollte den Bedürfnissen des Tieres gerecht werden. Pferde sind von ihrer Physiologie darauf ausgerichtet zu grasen, d.h. über einen längeren Zeitraum regelmäßig kleine Futtermengen aufzunehmen und sich dabei zu bewegen. Wen wundert es da, daß sie häufig an Koliken erkranken, wenn sie den ganzen Tag in der Box stehen und ihre gesamte Tagesration auf einmal vorgesetzt bekommen. Eine artgerechte Ernährung zeichnet sich durch folgende

Merkmale aus: Die Zusammensetzung entspricht den physiologischen Bedürfnissen des Tieres und ist ausgewogen. Die Nahrung ist frisch und einwandfrei, und die Futtermenge ist den Verhältnissen und den Bedürfnissen des Tieres angepaßt. Jede Tierart hat ein anderes Freßverhalten, was man unbedingt berücksichtigen sollte. Viele Pflanzenfresser nehmen ihren Futterbedarf über einen längeren Zeitraum in kleinen Mengen auf. Die Fleischfresser hingegen, wozu auch Hund und Katze zählen, nehmen ihre gesamte Tagesration oft in einer oder maximal zwei Mahlzeiten zu sich. Die Aufteilung der Tagesration sollte diese Unterschiede berücksichtigen, da auch das Verdauungssystem entsprechend eingerichtet ist.

3. Der soziale Aspekt der Tierhaltung wird leider viel zu häufig mißachtet, obwohl viele Erkrankungen hier ihren Ursprung haben. Herdentiere z.B. benötigen für ihr Wohlergehen die Gesellschaft von Artgenossen und sollten niemals alleine gehalten werden. Andere Arten leben zumindest zeitweise paarweise zusammen, werden aber trotzdem oft allein gehalten. Verhaltensstörungen und chronische Krankheiten sind häufig die Folge. Zahlreiche weibliche Tiere leiden darunter, daß sie keinen Nachwuchs haben. Auch dieses Defizit wird nicht selten von körperlichen Symptomen begleitet – die Scheinträchtigkeit ist nur ein Beispiel hierfür. In den letzten Jahren hat man mehr und mehr die Auswirkung des sozialen Wohlbefindens auf die Gesundheit erkannt. Dies gilt für Mensch und Tier gleichermaßen. Meiner Ansicht nach haben hier fast alle Erkrankungen ihren Ursprung.

Vor der Anschaffung eines Haustiers möchte ich jedem ans Herz legen, sich in Ruhe einige Gedanken zu machen. Fragen Sie sich, weshalb Sie ein Tier haben möchten und ob ein Tier Ihnen diesen Wunsch wirklich erfüllen kann. Machen Sie sich bewußt, daß Sie die volle Verantwortung für das Wohlergehen dieses Tieres übernehmen, und das vermutlich über einen Zeitraum von mehrere Jahre. Prüfen Sie, ob Sie wirklich die

Zeit haben, dieses Tier in Ihre Obhut zu nehmen, und ob Sie diese Zeit auch gerne aufbringen. Fragen Sie sich auch, ob Sie dem Tier ein artgerechtes Leben bieten können.

Wenn Sie sich mit diesen Fragen gewissenhaft auseinandergesetzt haben und sich für die Anschaffung eines Tieres entscheiden, dann werden Sie viel Freude aneinander haben und ihr Leben gegenseitig bereichern.

Zur artgerechten Haltung und Ernährung des Hundes

Der Hund ist von Natur aus ein Rudeltier. Er braucht sozialen Kontakt und eine Ordnung, in der er seinen festen Platz hat. Von allen Haustieren besitzt er das größte Anpassungsvermögen, was aber nicht bedeutet, daß man alles mit ihm machen kann. Für sein Wohlergehen und seine ganzheitliche Gesundheit benötigt er viel Bewegung. Am liebsten streunt er viele Stunden in der Gegend herum, um seine Neugier zu befriedigen. Zwei Stunden Auslauf am Tag sollte jeder Hund haben. Meiner Meinung nach ist dies das absolute Minimum.

Achten Sie bei der Ernährung unbedingt auf frisches Futter. Die vielen Fertigfuttermittel mögen sehr praktisch sein, ihnen fehlt es aber meist an frischen Bestandteilen. Das Beste, was Sie für Ihren Hund tun können, ist, ihm eine frische Mahlzeit zu bereiten. Das ist gar nicht so aufwendig, wie die meisten Menschen denken – weder zeitlich noch finanziell.

Bei einem ausgewachsenen Hund sollte ein Drittel der Ration aus frischem Fleisch bestehen. Bei einwandfreier Qualität sollten Sie es roh verabreichen.

Verwenden Sie für das Futter kein Schweinefleisch! Hier besteht eine theoretische Infektionsgefahr, und vor allem ist Schweinefleisch durch die extremen Haltungs- und Zuchtbedingungen stark belastet. Aus dem gleichen Grund sollten

28

Sie auch keine Innereien, außer allenfalls Herz und Pansen, verfüttern.

Manche Menschen befürchten, rohes Fleisch lasse den Hund wieder zum wilden Tier werden, und gehen manchmal sogar so weit, ihn vegetarisch, d.h. ganz ohne Fleisch zu ernähren. Obwohl das so mancher Hund ohne Schaden übersteht, gibt es für mich keinen vernünftigen Grund zum Fleischentzug. Von Natur aus ist der Hund unter anderem ein Fleischfresser. Daß das zum Kauf angebotene Fleisch großteils unter bedenklichen und teilweise tierquälerischen Bedingungen gewonnen wird, steht dabei auf einem ganz anderen Blatt.

Es hat sich bewährt, das Fleisch in großen Portionen einzukaufen (fragen Sie nach Schlachtabfällen), um es dann in Rationsgröße einzufrieren. Durch das Einfrieren verliert das Fleisch zwar geringfügig an Qualität, dafür handelt es sich aber um eine sehr praktische Lösung. Jetzt brauchen Sie nur täglich eine Ration aufzutauen. Wenn Sie mal kein Fleisch im Hause haben, können Sie auch fettarme Milchprodukte geben. Gelegentlich wird dies sehr gut vertragen, ist aber auf Dauer nicht die Ideallösung.

Das zweite Drittel der Ration sollte aus kohlehydratreichen Bestandteilen zusammengesetzt sein. Reis eignet sich dazu am besten, der weichgekocht und abgekühlt untergemischt werden sollte. Nehmen Sie zu Anfang geschälten Reis, der ist leichter verdaulich. Später sollten Sie dann ungeschältem Reis verwenden aber beobachten, wie weit Ihr Hund diesen verträgt. Den Reis können Sie für einige Tage im voraus kochen und im Kühlschrank aufbewahren. Weiterhin eignen sich auch gekochte Kartoffeln und Nudeln als Kohlehyratlieferanten.

Das letzte Drittel sollte aus Gemüse und Obst bestehen. Auch hier ist roh sehr vorteilhaft. Vorsichtig und zurückhaltend sollten Sie aber in jedem Fall mit allen Kohlsorten und Zitrusfrüchten sein. Auch Bananen, die gerne gegessen werden, sollten nur in Maßen angeboten werden. Manche Hunde fressen sehr gerne rohes Gemüse, was auch ihren Zähnen guttut, während andere es verabscheuen. Lassen Sie Ihre Phantasie spielen, um es Ihrem Hund lecker zu machen. Sie können alles zusammen mit Reis und Fleisch pürieren, so daß das Gemüse einen Fleischgeschmack annimmt und gerne genommen wird. Manche Hunde fressen das Gemüse auch nur abgekocht. Das ist immer noch besser als Fertigfutter.

In keinem Fall darf dieser Gemüseanteil weggelassen werden. Er ist unter anderem sehr wichtig für die ausgewogene Mineralstoff- und Vitaminversorgung.

Achten Sie darauf, daß die Mengenverhältnisse – 1/3 Fleisch – 1/3 Reis – 1/3 Gemüse – ungefähr stimmen. Dabei ist es nicht von Bedeutung, wenn es mal einen Tag weniger Fleisch gibt oder weniger Gemüse und dafür eben am nächsten Tag etwas mehr.

Bei jungen Hunden, die noch nicht ausgewachsen sind, sollten Sie den Fleischanteil etwas erhöhen, bei alten Hunden hingegen etwas reduzieren, so daß ihre Ration nur zwischen 1/4 und 1/5 Fleisch enthält.

Sie können Ihrem Hund auch Essensreste geben, wobei wiederum auf die Mengenverhältnisse zu achten ist (sh.o.). Allerdings eignet sich gewürztes Essen für Tiere nicht. Wenn überhaupt, sollte es nicht mehr gewürzt sein, als die Mahlzeiten für Babys.

Ein ausgewachsener Hund sollte am Tag ein- bis zweimal zu fressen bekommen und danach auf jeden Fall ausruhen können. Gehen Sie vor dem Fressen mit Ihrem Hund spazieren – nicht nachher.

Nun noch ein Wort zu den sogenannten Leckereien zwischendurch. Aus ernährungsphysiologischer Sicht sind diese völlig inakzeptabel und tun Ihrem Tier überhaupt nicht gut. Unter anderem stimulieren sie das Verdauungssystem, als ob gleich eine ganze Mahlzeit folgen würde, um nur einen der zahlreichen Gründe gegen diese Zwischenmahlzeiten zu nennen. Andererseits erfüllen diese Leckereien für so manches Tier einen wichtigen sozialen Aspekt und haben somit eine gewisse Berechtigung. Wenn Sie also Ihrem Hund zwischendurch etwas geben, dann achten Sie bitte darauf, daß Sie dies so selten wie möglich tun und die Happen nicht gewürzt sind. Leider ist letzteres bei den Fertigleckereien meistens der Fall.

Die Tiere bekommen nicht genug davon und werden regelrecht abhängig von dem Zeug. Dabei kommt es gar nicht so sehr auf den Geschmack an als vielmehr auf die Geste der Zuneigung, die zum Ausdruck gebracht wird.

Als Alternative möchte ich ein einfaches Rezept vorstellen, wie Sie selbst hausgemachte Leckerlis herstellen können:

Kochen Sie eine kurze Nudelart (*keine* Spaghetti) in Gemüse- oder Fleischbrühe, so daß die Nudeln noch etwas Biß haben. Nun breiten Sie sie auf einem Backblech aus und lassen sie bei kleiner Temperatur so lange im Backofen, bis sie ganz trocken und hart sind.

Richtig getrocknet können Sie diese Nudeln lange aufbewahren und haben für Ihren Hund jederzeit einen wohlschmeckenden und günstigen Happen für zwischendurch.

Wenn Sie Ihren Hund nach diesen Vorgaben ernähren, wird er es Ihnen danken.

Zur artgerechten Haltung und Ernährung der Katze

Im Gegensatz zum Hund ist die Katze mehr oder weniger ein Einzelgänger. Die meisten Katzen schätzen die Nähe von Menschen und anderen Katzen genauso wie ihr Alleinsein und ihre Freiheit. Sie suchen nach neuen Erfahrungen, jagen gerne und sind wie der Hund sehr neugierig.

Sie lieben es, nachts draußen unterwegs zu sein. Viele Katzen haben nicht die Möglichkeit, ins Freie zu gehen, und kommen damit anscheinend ganz gut zurecht. Trotzdem sollte man jeder Katze, wenn es irgend geht, den Auslauf in der Natur ermöglichen.

Zur Ernährung gilt für die Katze weitgehend das gleiche wie für den Hund. Allerdings sollte der Fleischanteil die Hälfte der Ration ausmachen. Die andere Hälfte teilt sich dann in zwei gleich große Anteile Reis (oder Kartoffeln oder Nudeln) und Gemüse. Bitte lesen Sie auch die Ausführungen zur Hundeernährung.

Die Anwendung der
Bach-Blütentherapie

Im Gegensatz zu vielen anderen Therapieformen bedarf es bei der Bach-Blütentherapie weder eines langen Studiums, um sie erfolgreich anzuwenden, noch muß man besondere Fähigkeiten oder ausgefallene Voraussetzungen mitbringen. Und trotzdem steht sie in ihrer Wirkungsweise anderen Therapieansätzen nicht nach. Alle wichtigen Geisteslehren waren sich darüber einig, daß die Wahrheit immer sehr einfach ist. Lassen Sie sich nicht von der Einfachheit der Methode abschrecken, nur weil manche Menschen behaupten, daß die Dinge so einfach nicht sein könnten. Mit Ihren ersten Erfahrungen wird die Unsicherheit weichen, und Sie werden sich selbst überzeugen.

Im folgenden möchte ich Ihnen einige Hinweise zur Anwendung der Bach-Blüten geben. Sofern Sie die wesentlichen Prinzipien und wenigen Grundregeln kennen, werden Sie viel Freude mit dieser Heilmethode haben. Sie brauchen nicht jedes Detail über die einzelnen Bach-Blüten zu wissen, um damit Ihrem Tier erfolgreich zu helfen. Es gibt einen Weg, der Sie ohne große Vorkenntnisse zu der richtigen Bach-Blüte führt. Die aufrichtige Haltung, Tieren wirklich helfen zu wollen, und ein gewissenhaftes Vorgehen führen Sie sicher zum Ziel.

Bitte lesen Sie das Kapitel „Was Sie im Umgang mit kranken Tieren wissen sollten" sehr aufmerksam und sorgfältig. Auch die Bach-Blütentherapie hat ihre Grenzen. Sie sollten unbedingt wissen, wann Sie ein Tier zu einem Tierarzt oder einem Tierheilpraktiker bringen müssen. Das ist im Interesse aller Beteiligten, denn auch Sie selbst werden sich sicherer fühlen, wenn Sie jederzeit wissen, was zu tun ist.

Wie finden Sie die richtige Bach-Blüte?

Der Kernpunkt der Bach-Blütentherapie ist das Finden der richtigen Blütenessenz, die in der Lage ist, die Disharmonie im Organismus auszugleichen. Dadurch werden alle Krankheitssymptome, die ja nur Ausdruck einer Disharmonie sind, überflüssig und können sich auflösen.

Der klassische Weg

Ich will in diesem Buch eine zuverlässige Möglichkeit aufzeigen, wie Sie vorgehen können. Ich nenne sie „den klassischen Weg", er ist sehr einfach und unkompliziert. Darum empfehle ich diesen Weg auch jedem, der zum ersten Mal mit den Bach-Blüten arbeitet. Wenn Sie die einzelnen Schritte befolgen und dabei sehr sorgfältig vorgehen, werden Sie die Bach-Blüten, die Ihrem Patienten helfen können, relativ leicht herausfinden.

Die direkte Wahrnehmung

Es gibt noch weitere Möglichkeiten, die richtigen Bach-Blüten zu finden, die ich am Ende dieses Kapitels vorstellen möchte. So wie wir auf Anhieb unsere Lieblingsfarben nennen können, sagen können, welche Speisen uns im Moment am besten munden würden, so können wir auch fühlen, welche Bach-Blüte uns im Augenblick guttut. Wie viele Dinge ist auch das eine Übungssache, und man kann dieses Potential der direkten Wahrnehmung, das oft auch als Intuition bezeichnet wird und jedem Menschen innewohnt, entwickeln und trainieren.

Der klassische Weg

Zusammenfassung

Der 1. Schritt:

Der Vorbericht

Der 2. Schritt:

Die Untersuchung

Der 3. Schritt:

Die Gewichtung der gefundenen Symptome

Der 4. Schritt:

Die Wahl der passenden Bach-Blüten

Der 5. Schritt:

Die Zubereitung der zu verabreichenden Lösungen

Der 6. Schritt:

Die Dosierung und Verabreichung der Bach-Blüten

Der 7. Schritt:

Der weitere Verlauf

Der 1. Schritt: Der Vorbericht

Um die passende Blütenessenz auswählen zu können, müssen Sie über Charaktereigenschaften, Verhaltensweisen und Symptome des Tieres Bescheid wissen. Also besteht der erste Schritt darin, das Tier kennenzulernen bzw. sich seiner Eigenschaften, Verhaltensweisen und Symptome bewußtzuwerden.

Zu diesem Zweck ist es wichtig, daß Sie sich genügend Zeit nehmen, um sich ein umfassendes Bild zu machen. Sprechen Sie mit der Person, die dem Tier am nächsten steht. Falls es sich um Ihr eigenes Tier handelt, empfehle ich Ihnen, mit einem Bekannten, der Sie und Ihr Tier gut kennt, zu sprechen. Es zeigt sich immer wieder, daß einem beim eigenen Tier so manches entgeht.

Um nichts zu vergessen, gehen Sie am besten nach einem festen Schema vor. Im Anschluß an dieses Kapitel finden Sie einige nützliche Hinweise und einen Vorschlag für ein ausführliches Vorgespräch.

Denken Sie auch daran, nach möglichen Haltungs- und Ernährungsfehlern zu suchen, damit diese gegebenenfalls korrigiert werden können. Übersteigen diese Fehler das Anpassungsvermögen des Tieres, kann letztlich keine Therapie wirklich erfolgreich sein. Einen Hund, der depressiv ist und entsprechende körperliche Symptome zeigt, weil er in einem kleinen, dunklen Zwinger gehalten wird, wird selbst die passende Bach-Blüte nicht in einen vitalen fröhlichen Vierbeiner verwandeln. Achten Sie also auf die artgerechte Haltung und Ernährung. Eine Korrektur in diesem Bereich macht so manche Krankheit und Behandlung überflüssig.

Der folgende Fragebogen soll Ihnen als Anregung und Orientierung zur Erstellung eines ausführlichen Vorberichts dienen. Man benötigt nicht immer alle Informationen, aber oft stößt man beim konsequenten Vorgehen auf hilfreiche und bedeutende Zusammenhänge, die auf den ersten Blick nicht ersichtlich waren. Nehmen Sie sich also genügend Zeit, um die Charaktereigenschaften, Verhältnisse und Symptome zu erfassen.

Vorbericht

* Name des Tierhalters: _____
* Datum: _____
* Besuchsgrund: _____

Allgemeine Informationen zum Tier

* Name: _____
* Rasse (Abstammung): _____
* Geschlecht (kastriert, sterilisiert): _____
* Alter: _____
* Gewicht: _____

Vorgeschichte

* Geburt, Aufzucht, Trennung von Eltern: _____
* Herkunft: _____
* Vorbesitzer: _____

Details zur Haltung

Aufgabe, Funktion des Tieres

* Spielkamerad: ❑
* Hobby, Freizeit: ❑
* Wachhund: ❑
* Zuchttier: ❑
* Sportpartner: ❑

Tagesablauf und Ernährung

* Tagesablauf: _____
* Auslauf: _____
* Ernährung (was, wieviel, wie oft, wie, wann): _____

Verhalten allgemein

Bitte kreuzen Sie zutreffendes an.

aggressiv ❑, sensibel ❑, selbstbewußt ❑, launisch ❑, unkonzentriert ❑, lebhaft ❑, reserviert ❑, ängstlich ❑, empfindlich ❑, anhänglich ❑, frech ❑, phlegmatisch ❑, unruhig ❑, nervös ❑, neugierig ❑, verschmust ❑, verspielt ❑, träge ❑, ruhig ❑, schlau ❑, hysterisch ❑, abgeklärt ❑, freundlich ❑, tolpatschig ❑, depressiv ❑, wach ❑, doof ❑, liebebedürftig ❑, schmuddelig ❑, fröhlich ❑, ungestüm ❑, temperamentvoll ❑, mutig ❑, introvertiert ❑, hinterlistig ❑ sauber ❑, traurig ❑, vital ❑, vornehm ❑, abgeschlagen ❑, rüpelhaft ❑, schreckhaft ❑, schmutzig ❑.

* Andere Verhaltensweisen: _____

Verhalten gegenüber Erwachsenen

Bitte kreuzen Sie zutreffendes an.

Personenorientiert (z.B. Mann oder Frau) ❏, Angst vor Menschen (wenn ja, vor welchen?) ❏, berührungsempfindlich ❏, treu ❏, folgsam ❏, scheu ❏, kontaktfreudig ❏, mißtrauisch ❏, aggressiv ❏, reserviert ❏, ignorant ❏, bissig ❏, kitzelig ❏, demütig ❏, trotzig ❏.

* Andere Verhaltensweisen: _____

Verhalten gegenüber Kindern

* Unterschiede im Verhalten gegenüber Erwachsenen: ____

Verhalten gegenüber Tieren

* der gleichen Art: _____
* anderer Art: _____
* weiblichen, männlichen Geschlechts: _____

Bitte kreuzen Sie zutreffendes an.

aggressiv ❏, dominant ❏, ängstlich ❏, unterwürfig ❏, offen ❏, neugierig ❏, verspielt ❏, zurückhaltend ❏.

* Andere Verhaltensweisen: _____

Freßverhalten

Bitte kreuzen Sie zutreffendes an.

* Appetit (was, wann, wie, wie oft?): _____
* Durst (wieviel, wie oft?): _____

Stuhlgang und Harnverhalten

* regelmäßig/unregelmäßig: _____
* Häufigkeit: _____
* Beschaffenheit (Form, Menge): _____
* Geruch, Farbe: _____
* Beimengungen (Blut, Schleim, Würmer, unverdaute Bestandteile): _____
* Absetzen: leicht, beschwerlich: _____

Sexualverhalten

* Geschlechtsreife: _____
* Zyklus: _____
* Verlauf der Trächtigkeiten: _____
* Auffälligkeiten: _____

Frühere Krankheiten

Dazu gehören u.a.:

* Erbkrankheiten
* Mißbildungen
* Jungtierkrankheiten
* Verletzungen
* Operationen
* Infektionskrankheiten
* Impfreaktionen
* Allergien

Nähere Angaben zu früheren Krankheiten

* Welche: _____

Auftreten früherer Krankheiten

* Häufigkeit: _____
* regelmäßig/unregelmäßig: _____
* zu welcher Jahreszeit: _____
* Intensität, Verlauf und Behandlung früherer Krankheiten:
* Beschreibung: _____

Augenblickliche Beschwerden

* Welche? (genaue Beschreibung): _____
* Seit wann: _____
* Wie haben die Beschwerden angefangen: _____

Z.B. durch emotionale Belastungen:
Trennung von Gewohntem ❑, Urlaub ❑, Besitzerwechsel ❑, Umzug ❑, ein neues Tier ❑, Familienveränderungen ❑, andere Veränderungen ❑.

* Mögliche Ursache: _____
* Verlauf bis jetzt: _____

Beeinflussung durch:
Tageszeiten ❑, Wetter ❑, Belastung ❑, Streß ❑, Kälte ❑, Wärme ❑, Futteraufnahme ❑, Bewegung ❑, Lärm ❑, Ruhe ❑, draußen ❑, drinnen ❑, Sonne ❑, Feuchtigkeit ❑, Trockenheit ❑.

* Vorbehandlung: _____

Der 2. Schritt: Die Untersuchung

Wenn Sie nun das Vorgespräch abgeschlossen haben, wenden Sie sich dem Tier zu, um es zu untersuchen. Geben Sie ihm genügend Zeit, sich an Sie zu gewöhnen. Wenn ich beim ersten Kontakt mit dem Tier merke, daß es ängstlich und scheu ist, dann lasse ich es in Ruhe und beachte es zunächst einmal gar nicht. Ich widme mich dann nur dem Tierhalter und gebe dem Tier so die Möglichkeit, sich langsam an mich zu gewöhnen. Während des Vorgesprächs nehme ich dann immer mal wieder Blickkontakt zum Tier auf und spreche es direkt an. Bedenken Sie, daß Tiere sehr gut wahrnehmen, wenn es um sie geht, und daß sie auch auf Anhieb spüren, mit welcher Einstellung sich ihnen jemand nähert. Eine liebevolle, ruhige und helfenwollende Ausstrahlung macht sie wesentlich offener und zugänglicher.

Ich empfehle Ihnen auch, das Tier in seiner gewohnten Umgebung zu untersuchen, damit es sich weitgehend normal verhält.

Nun geht es also darum, daß Sie sich selbst einen Überblick von dem Tier verschaffen. Versuchen Sie dabei das, was Sie aus dem Vorgespräch erfahren haben, unbeachtet zu lassen. Nicht jeder Besitzer sieht sein Tier, wie es wirklich ist. Unter anderem liegt das manchmal daran, daß Besitzer und Tier ähnliche Charaktereigenschaften haben, deren sie sich selbst nicht bewußt sind. Wer gibt schon gerne von sich zu, daß er aggressiv, hysterisch oder überheblich ist, um nur einige Beispiele zu nennen.

Spielen Sie mit dem Tier, und probieren Sie verschiedene Dinge aus, um seine Verhaltensweisen und Charaktereigenschaften erkennen zu können.

Wie Sie inzwischen wissen, sind die körperlichen Symptome nicht die auschlaggebenden Kriterien für die Bach-Blütentherapie. So ist es auch dem medizinischen Laien möglich, sie anzuwenden. Bestimmte Informationen über Körperbau, Pflegezustand usw. können jedoch sehr nützlich sein und wertvolle Impulse liefern. Ein phlegmatischer Typ wird selten einen drahtigen und kraftvollen Körper haben, sondern eher einen schlaffen, weichen Eindruck machen.

Bitte beachten Sie !

Die ersten beiden Schritte, der Vorbericht und die Untersuchung, dienen unter anderem auch dem Erkennen von kritischen und lebensgefährlichen Situationen. Woran man kritische Situationen erkennt, wie man sich dann am besten verhält und wen man zu Rate ziehen kann, lesen Sie bitte im Kapitel „Was Sie im Umgang mit kranken Tieren wissen sollten" nach.

Der 3. Schritt: Die Gewichtung der gefundenen Symptome

Der nächste Schritt besteht darin, daß Sie nun alles, was Sie über das Tier herausgefunden haben, nach Priorität gewichten. Für die Bach-Blütentherapie sind besonders die Charaktereigenschaften und Verhaltensweisen von Bedeutung. Es geht also weniger um die körperlichen Symptome der Krankheit als vielmehr um die Art und Weise, wie das Tier mit der Situation umgeht. Sollte sich das Tier z.B. *leicht* verletzt haben, dann ist es nicht so wichtig, wo diese Verletzung ist noch wie sie genau aussieht. Entscheidend ist für die Wahl der passenden Bach-Blütenessenz, wie das Tier mit der Verletzung umgeht. Eine panische Reaktion erfordert ein ganz anderes Mittel als ein wehleidiges oder „hysterisches" Verhalten. Priorität genießen also die sogenannten Gemütssymptome, die Charaktereigenschaften und Verhaltensweisen.

Nachdem Sie einige Beschreibungen von Bach-Blüten gelesen haben, werden Sie ein Gefühl dafür entwickeln, was für die Wahl der Blütenessenz wesentlich ist. Gewichten Sie nun die Symptome, die Sie gefunden haben nach ihrer Priorität: zunächst die Charaktereigenschaften und Verhaltensweisen, danach die körperlichen Symptome.

Der 4. Schritt: Die Wahl der passenden Bach-Blüten

Jetzt suchen Sie diejenige Bach-Blüte heraus, die in der Lage ist, diese Eigenschaften oder Verhaltensweisen positiv zu beeinflussen. Das können auch mehrere Blütenessenzen sein.

Dazu benutzen Sie am besten die beiden Register in diesem Buch. Haben Sie z.B. eine ständige Unruhe und Schluckbeschwerden bei Ihrem Tier entdeckt, dann sehen Sie im „Symptom-Verzeichnis" ab Seite 138 unter den alphabetisch geordneten Begriffen nach. Hier finden Sie Hinweise auf geeignete Bach-Blütenessenzen.

Nun schreiben Sie alle Bach-Blüten auf, die bei Ihrem Patienten für die gefundenen Charaktereigenschaften, Verhaltensweisen und körperlichen Symptome in Frage kommen. Wählen Sie diejenigen Blüten aus, die am häufigsten auftreten, und denken Sie daran, daß die Charaktereigenschaften und Verhaltensweisen des Tieres vorrangig sind. Jetzt lesen Sie die jeweiligen ausführlichen Beschreibungen der Bach-Blüten, die Sie mit Hilfe des Inhaltsverzeichnisses leicht finden werden, und wählen Sie diejenige aus, die Ihrer Meinung nach am besten paßt.

Achten Sie darauf, daß die beschriebenen Verhaltensweisen und Eigenschaften im wesentlichen auf Ihr Tier zutreffen, ansonsten haben sie nicht die richtige Blütenessenz gefunden. Auch wenn sie noch so viele der aufgeführten körperlichen Symptome bei ihrem Tier wiedererkennen oder die Einsatzmöglichkeiten genau dem entsprechen, was Ihr Tier gerade benötigt, ist das nicht entscheidend. Das wichtigste sind die sogenannten Gemütssymptome, die sich in den Verhaltensweisen und Eigenschaften des Tieres manifestieren. Erst daraus entstehen die körperlichen Symptome. Diese sind Ausdruck der Gemütssymptome und werden nur dann vollkommen heilen können, wenn ihre Ursache tatsächlich behoben ist. Darum interessiert sich die Bach-Blütentherapie hauptsächlich für die Gemütssymptome, Verhaltensweisen und Charaktereigenschaften eines Tieres. Achten Sie auf die kurze Beschreibung am Anfang der jeweiligen Bach-Blüte. Wenn diese auf Ihr Tier zutrifft, dann können sie davon ausgehen, daß Sie die richtige Bach-Blüte gefunden haben.

Mitunter kann es vorkommen, daß Sie mehrere Blütenessenzen passend finden, die Sie dann gleichzeitig verabreichen können. Wieviel Essenzen Sie maximal mischen sollten, darüber gibt es unterschiedliche Ansichten. Ich versuche, mich auf so wenige wie möglich zu beschränken, und mische nie mehr als vier Blütenessenzen. Am liebsten verabreiche ich immer nur eine einzige Blütenessenz, so lernt man die einzelnen Blüten und ihre Wirkungsweise auch am besten kennen. Wäre es sinnvoll gewesen, so hätte Edward Bach bestimmt alle Essenzen zusammengemischt, um alle Fälle mit einer einzigen Mixtur behandeln zu können. Er hat es nicht getan und hatte gewiß gute Gründe dafür.

Der 5. Schritt: Die Zubereitung der zu verabreichenden Lösungen

Die Bach-Blüten bekommen Sie in sogenannten „Stockbottles". Das sind kleine Pipettenfläschchen, die die Essenzen in alkoholischer Lösung enthalten.

Sofern Sie keine einmalige Gabe planen, was eher selten der Fall sein wird, werden diese Bach-Blütenkonzentrate verdünnt. Dazu besorgen Sie sich am besten braune Tropfflaschen mit Pipetten- oder Tropfeinsatz. Diese erhalten Sie in verschiedenen Größen in allen Apotheken. 10- und 20-ml- Fläschchen haben sich in meiner Praxis bewährt.

Nun nehmen Sie die Bach-Blüten Ihrer Wahl, und geben Sie aus jeder Stockbottle zwei Tropfen in ein 10-ml-Tropffläschchen und füllen dieses mit Quellwasser auf. In ein 20-ml-Fläschchen kommen demnach vier Tropfen jeder ausgesuchten Blütenessenz. Verwenden Sie kohlensäurefreies Quellwasser, das es überall zu kaufen gibt. Vermeiden Sie Leitungswasser sowie destilliertes Wasser!

Ich gebe diesen Lösungen keinen weiteren Alkohol zur Konservierung bei, um eine zusätzliche Belastung der Patienten zu vermeiden. Besonders für kleine Haustiere kann die Entgiftung des Alkohols eine große Belastung sein. Der Alkoholverzicht bedeutet allerdings, daß die Zubereitungen nur begrenzte Zeit haltbar sind und Sie unbedingt nur einwandfreies Wasser und saubere Fläschchen verwenden sollten. Bei sauberer Vorgehensweise und kühler Lagerung können Sie die Mischung bedenkenlos zwei Wochen verwenden. Wenn Sie die Bach-Blüten über längere Zeiträume verabreichen wollen, sollten Sie nach zwei Wochen eine neue Lösung herstellen.

Der 6. Schritt: Dosierung und Verabreichung der Bach-Blüten

Vorab noch eine wichtige Information: Eine nachteilige Wirkung aufgrund einer Überdosierung oder weil Sie vielleicht nicht die passende Bach-Blüte gefunden haben, ist bis heute noch nicht beobachtet worden. Auch ich habe keine solchen Beobachtungen in meiner Praxis gemacht.

Wieviel?

Ähnlich wie Musik ihre beruhigende Wirkung unabhängig von Alter, Geschlecht und Gewicht entfaltet, verhält es sich auch mit den Bach-Blüten. Die Dosierung ist unabhängig von Tierart, Alter und Gewicht und immer gleich. Eine Gabe besteht aus vier Tropfen Ihrer Zubereitung. Sollten Sie eine Blütenessenz in einem Notfall direkt aus der Stockbottle verabreichen, dann reichen zwei Tropfen.

Im Gegensatz zu der Menge ist die Häufigkeit der Verabreichung nicht immer gleich. Als Grundregel gilt:

> „Je akuter die Situation oder das Krankheitsgeschehen ist, um so öfter wird verabreicht."

Bei einem Schockzustand oder anderen Notfällen sollten Sie je nach Situation alle zwei bis fünf Minuten die Tropfen verabreichen. Bei starken Verdauungsbeschwerden mit Krämpfen und Durchfall ist eine stündliche Gabe empfehlenswert

Die Häufigkeit hängt ganz von der Situation ab, und es ist mir hier nicht möglich, für jeden denkbaren Fall eine genaue Anweisung zu geben. In Notfällen sollten Sie zuerst immer den Tierarzt oder Tierheilpraktiker konsultieren, wobei die Verabreichung der Notfalltropfen in kurzen Abständen in jedem Fall sehr hilfreich ist.

In nicht akuten Situationen sollten Sie die übliche Dosierung viermal täglich (morgens, mittags, nachmittags und spätabends) verabreichen. Geben Sie die Tropfen nicht nach dem Fressen, sondern wenn möglich vorher.

Wie lange?

Auch der Behandlungszeitraum ist abhängig vom Zustand des Patienten. Bei Besserung sollte die Bach-Blüte so lange weitergegeben werden, bis die Symptome abgeklungen sind. Sie sollten aber zwischendurch darauf achten, ob die Situation sich unter Umständen soweit verändert hat, daß eine andere Bach-Blüte erforderlich ist, um den Heilungsprozeß zu vollenden.

Sollte sich keinerlei Veränderung nach Verabreichung der Bach-Blüte zeigen, dann sollten Sie spätestens nach 14 Tagen das Tier noch einmal gründlich untersuchen. Möglicherweise haben Sie beim ersten Mal nicht die passende Blütenessenz gefunden. Bestätigt sich dabei Ihre erste Wahl, dann sollten Sie sich noch eine Weile gedulden und die Bach-Blüten weiter geben. Manchmal dauert es etwas länger, bis erste Veränderungen deutlich werden. Das gilt besonders für Charaktereigenschaften und Verhaltensweisen.

Wie?

Geben Sie vier Tropfen Ihrer Zubereitung am besten auf die Mundschleimhaut. Dafür gibt es unterschiedliche Methoden, von denen sich besonders zwei bewährt haben. Geben Sie aus Ihrer Zubereitung vier Tropfen auf einen Teelöffel. Nun können Sie mit Hilfe des Teelöffels die Tropfen in das Maul Ihres Tieres geben. Die zweite Methode eignet sich besonders für Tiere, die diese Prozedur nicht so gerne über sich ergehen lassen. Geben Sie die Tropfen wieder auf einen Teelöffel, und ziehen Sie sie in eine kleine Plastikspritze auf. Achten Sie darauf, daß die Plastikspritze sauber ist. 2-ml-Spritzen bekommen Sie in jeder Apotheke. Nun können Sie mit Hilfe der Spritze (*ohne Nadel!*) die Tropfen leicht ins Maul hineinspritzen.

Benutzen Sie keine Glaspipetten oder sonstige zerbrechliche, scharfe oder spitze Gegenstände, um die Tropfen ins Maul zu geben. Die Gefahr einer Verletzung durch plötzliche Bewegungen und Abwehrreaktionen des Tieres ist zu hoch.

Bei Kleintieren oder Vögeln geben Sie die Tropfen am besten ins Trinkwasser.

Ideal ist es, die Tropfen auf die Mundschleimhaut zu geben, was aber problematisch sein kann. Auch hier macht die Übung den Meister. Bleiben Sie hartnäckig, es wird von Mal zu Mal leichter. Sollte es absolut nicht klappen, weil etwa ein Hund bissig ist, dann bieten Sie ihm einen Leckerbissen an, den Sie vorher mit den Tropfen besprenkelt haben. Nutzen Sie Ihre Phantasie, Sie werden schon einen Weg finden. Sollte das alles nicht funktionieren, geben Sie die Tropfen über das Futter. Da viele Tiere aber sehr unterschiedlich fressen und möglicherweise ihren Futternapf noch mit anderen Tieren teilen, ist das mehr als Notlösung zu verstehen.

Sie können die Bach-Blüten auch äußerlich anwenden, z.B. auf Verletzungen aufträufeln oder Umschläge machen, die Sie vorher in Wasser getränkt haben, in das Sie die Bach-Blüten getröpfelt haben. Bedenken Sie, daß die Tropfen aus den Stockbottles sehr alkoholhaltig sind und auf Verletzungen brennen können.

Der 7. Schritt: Der weitere Verlauf

Sie sollten den Patienten in den folgenden Wochen intensiv beobachten bzw. beobachten lassen, wie weit die Therapie anschlägt. Die passende Bach-Blüte gefunden zu haben führt nicht schon automatisch zu vollkommener Genesung. Oft leiten die Bach-Blüten eine Veränderung ein, sind Katalysator für eine Entwicklung, deren Ende noch nicht abzusehen ist. Sollte sich gar keine Veränderung abzeichnen, beginnen Sie noch einmal mit dem ersten Schritt. Achten Sie sehr sorgfältig auf mögliche Haltungs- und Ernährungsfehler, und suchen Sie eine neue Bach-Blütenmischung heraus. (Siehe auch unter „Der 6. Schritt: Wie lange?")

Im Verlauf einer Krankheit und auf dem Weg zur Genesung kann sich der Zustand des Tieres derart verändern, daß eine andere Bach-Blüte angezeigt ist. Beobachten Sie Ihr Tier also sehr aufmerksam.

Jedes Tier reagiert auf die Einnahme der Bach-Blüten anders. Es kann vorkommen, daß manche Tiere regelrecht gierig nach den Tropfen werden, was für die Blütenwahl sprechen kann; es kann aber auch das Gegenteil der Fall sein, daß sich ein Tier zurückzieht, wenn es merkt, daß es schon wieder Zeit für die Einnahme ist.

Veränderungen des Verhaltens und körperliche Reaktionen können sofort nach Aufnahme der Tropfen eintreten oder aber auch mehrere Wochen auf sich warten lassen. Diese unterschiedlichen Reaktionen werden von zahlreichen Faktoren beeinflußt, so daß eine Prognose, wie das einzelne Tier reagiert, sehr gewagt ist.

Selten kann es auch mal zu heftigen körperlichen Reaktionen kommen, die evtl. den Eindruck erwecken, daß die Krankheit sich verschlimmert habe oder aber daß Nebenwirkungen der Tropfen aufgetreten sein könnten. In der Regel handelt es sich dabei um eine Reaktion im Rahmen des Heilungsvorgangs, die spätestens nach ein bis zwei Tagen in der Intensität nachläßt. Nebenwirkungen im Zusammenhang mit den Bach-Blüten habe ich bislang noch nicht erlebt und auch bis heute nicht davon gehört. Bleiben Sie also gelassen, wenn Ihr Tier auf die Einnahme der Bach-Blüten heftig reagieren sollte. Es ist eher ein Zeichen dafür, daß Sie die richtige Blüte herausgesucht haben.

Sie sehen, die Anwendung der Bach-Blütenessenzen ist an sich ganz einfach. Sie sollten nur sehr sorgfältig vorgehen und am Anfang nicht gleich die Geduld verlieren, wenn es noch ein wenig holprig geht und Ihnen nicht sofort Wunderheilungen gelingen. Übung macht den Meister.

Aus meiner Praxis möchte ich Ihnen hier noch einige Tips vermitteln:

* Es kann sein, daß man sich manchmal zwischen zwei oder mehreren Bach-Blüten nicht eindeutig entscheiden kann. Das ist kein Problem und kommt auch bei einem Profi vor. Mischen Sie einfach die in Frage kommenden Essenzen. (Bitte beachten Sie dabei Schritt 5.)

* Manche Eigenschaften lassen sich nicht immer auf Anhieb erkennen und verstecken sich hinter anderen Charakterzügen. So sind z.B. Arroganz und Überheblichkeit oft nur ein Ausdruck von Unsicherheit, was die wahre Eigenschaft ist, die verändert werden möchte. Um solche versteckten Eigenschaften zu erkennen, sollten Sie bei Ihrer Untersuchung sehr sorgfältig vorgehen.

* Legen Sie vor einer Untersuchung Ihre evtl. vorgefaßte Meinung über das Tier und. über den Besitzer ab, damit Sie unvoreingenommen das erkennen, was wirklich da ist. Eine der häufigsten Fehlerquellen beruht darauf, daß wir alles durch die Brille unserer Vorstellungen und Vorurteile be-

trachten, statt diese einmal abzulegen, um die Dinge so wahrzunehmen, wie sie wirklich sind.

Der Weg der direkten Wahrnehmung

Manche Autoren nennen diese Vorgehensweise auch den intuitiven Weg. Er unterscheidet sich vom klassischen Weg im wesentlichen dadurch, daß er nicht auf einem analytischen Vorgehen beruht. Die Behandlung bzw. das Auswählen der entsprechenden Blütenessenzen erfolgt nicht mit Hilfe des Verstandes, sondern direkt. Die richtige Blüte wird sozusagen gefühlt. Edward Bach selbst entdeckte die Bach-Blüten auf dem intuitiven Wege. Die Wirksamkeit der Bach-Blüten bestätigt, daß auch dieser Weg seine Berechtigung hat und offensichtlich ein großes Potential birgt.

Viele erfahrene und erfolgreiche Therapeuten unterschiedlicher Fachrichtungen haben das große Potential dieser Vorgehensweise erkannt und in ihre Arbeit integriert.

Daß dieses Vorgehen in verschiedenen Kreisen, vor allem in analytisch-wissenschaftlichen Kreisen, auf erheblichen Widerstand trifft, ist verständlich und nachvollziehbar. Bauen ihre Ansichten doch auf einer streng analytischen Basis auf, die die Frage nach dem „Warum" ins Zentrum stellt. Doch gerade dieses „Warum" spielt bei dem Weg der direkten Wahrnehmung keine Rolle, ist sozusagen vollkommen unerheblich.

Wie die intuitiv richtige Wahl zustande kommt, darüber besteht noch keine Einigkeit. Es gibt viele Erklärungsversuche, die der Frage nach dem „Wie" Genüge leisten wollen.

Für die Anwendung dieser Methode ist ein Verständnis dieser Frage allerdings nicht so wichtig. Die intuitive Methode funktioniert offensichtlich auch ohne unser Begreifen. Die Erfahrung zeigt, daß der Mensch über wesentlich mehr Potentiale und Fähigkeiten verfügt, als die Wissenschaft erklären kann.

Ich möchte Ihnen einige ganz einfache Beispiele aus dem täglichen Leben nennen, die bereits jeder mehr oder weniger bewußt erlebt hat: Sie stehen vor einem Buffet und wissen ziemlich genau, was Sie essen wollen. Sie haben auf dieses und jenes Appetit, während andere Speisen Sie überhaupt nicht ansprechen. Am nächsten Tag kann dies wiederum ganz anders sein. Sie müssen diese Tatsache nicht analysieren nach dem Motto: „Wieviel habe ich heute schon gegessen? Wie hoch ist mein Kalorienbedarf? Usw." Sie fühlen einfach instinktiv, worauf Sie Lust haben – und was Ihr Körper braucht. Tiere und kleine Kinder verfahren ausschließlich nach diesem Prinzip, sie fühlen ganz genau, was ihnen im Moment guttut.

Viele Menschen haben die Erfahrung gemacht, daß das Telefon klingelt und sie genau wissen, wer sie anruft; oder daß sie an jemanden denken und sich im nachhinein herausstellt, daß mit diesem Menschen etwas Besonderes passiert ist oder dieser andere Mensch auch an sie gedacht hat usw. Diese Phänomene könnte man unbegrenzt weiterführen.

Im Rahmen der Farbtherapie, die immer mehr an Bedeutung gewinnt, wurde festgestellt, daß bestimmte Farben eine bestimmte Wirkung auf den Organismus haben. Dieses Phänomen läßt sich therapeutisch nutzen. Kinder wählen mit bemerkenswerter Treffsicherheit die Farbe aus, die ihnen hilft, indem man sie einfach eine aussuchen läßt. Ihr Gefühl zieht sie überdurchschnittlich oft zu der Farbe hin, die man auch als Therapeut aufgrund der eigenen Erkenntnisse und Erfahrungen für sie ausgesucht hätte.

Viele Anwender der Bach-Blütentherapie können ähnliches berichten. Die Übereinstimmung der ausgewählten Bach-Blüten über den analytischen Weg mit denjenigen, die sie intuitiv auswählen, ist verblüffend hoch.

Die gleiche Erfahrung habe ich im Umgang mit Tieren gemacht. Wenn ich ihnen, sofern praktisch machbar, die Möglichkeit gebe, die Bach-Blüte selbst zu wählen, und ihre Wahl mit dem Ergebnis vergleiche, das ich aufgrund meiner Untersuchung bekommen habe, dann zeigt sich dabei ein Grad der Übereinstimmung, der statistisch nicht mehr erklärbar ist.

Genau wie die meisten Menschen spüren, welche Blüte ihnen guttut, können Tiere dies offensichtlich auch wahrnehmen.

Tiere nehmen die verschiedenen Schwingungen, die von den Bach-Blüten ausgehen, relativ leicht wahr. Nutzen Sie diese Fähigkeit, und sammeln Sie Ihre eigenen Erfahrungen. Probieren Sie es aus, Sie werden erstaunt sein. Wie kann man nun ein Tier die eigene Bachblüte auswählen lassen?

Hunden und Katzen kann man die Bach-Blütenflaschen einfach zum Spielen hinlegen. (Achten Sie allerdings unbedingt darauf, daß sie sie nicht verschlucken.) Manchmal nehmen sie sich dann eine oder mehrere Flaschen vor und widmen ihnen auffällig mehr Aufmerksamkeit als den übrigen Flaschen. Diese sollten Sie sich merken und mit Ihrem Ergebnis vergleichen, das sie über den klassischen Weg gefunden haben.

Besteht keine Möglichkeit, daß die Tiere sich die Bach-Blüten selber heraussuchen, können Sie mittels ihrer eigenen Wahrnehmung die richtigen Blütenessenzen auswählen. Wie Sie das anstellen, möchte ich Ihnen im folgenden erläutern.

Nehmen wir an, Sie selbst haben ein bestimmtes Problem oder ein körperliches Symptom und möchten mit Hilfe der Intuition Bach-Blüten für sich selbst auswählen. Bevor Sie nun mit der Auswahl beginnen, sollten Sie sich ganz und gar auf Ihr Problem konzentrieren. Konzentrieren Sie Ihre Aufmerksamkeit auf das, was Sie verändern möchten, fühlen Sie das Problem oder das körperliche Symptom mit allen seinen Facetten. Anders ausgedrückt könnte man sagen: Verbinden Sie sich mit Ihrem Problem oder Ihrem körperlichen Symptom. Wenn Sie mit Ihrer Aufmerksamkeit ganz bei der Sache sind, wählen Sie mit einer Hand eine oder mehrere Bach-Blütenflaschen aus, ohne auf das Etikett zu sehen. Verlassen Sie sich dabei vollkommen auf Ihr Gefühl, es wird Ihnen auch sagen, ob Sie mehrere Flaschen ziehen sollen und wann es genug Flaschen sind. Folgen Sie dem ersten spontanen Impuls, und vertrauen Sie Ihrem Gefühl.

Manche Autoren schlagen vor, die linke Hand zu benutzen, da diese den rezeptiven, also aufnehmenden Pol symbolisiert. Machen Sie Ihre eigenen Erfahrungen.

Wenn Sie auf diesem Weg nun Bach-Blüten für ein Tier auswählen möchten, machen Sie es genauso. Zuerst sollten Sie sich mit dem Tier verbinden, d.h. mit Ihrer ganzen Aufmerksamkeit bei ihm sein. Lassen Sie dabei alle Ihre Meinungen, Gedanken und Vorurteile, die Sie über dieses Tier oder seine Krankheit hegen, weitestgehend beiseite. Manchmal kann es hilfreich sein, mit dem Tier auch körperlichen Kontakt aufzunehmen, indem Sie z.B. eine Hand auf das Tier legen, während Sie mit der anderen Hand intuitiv die Bach-Blüten auswählen.

Am Anfang mögen öfters Zweifel auftauchen, ob es denn wirklich die richtigen Bach-Blütenessenzen sind, die Sie ausgewählt haben. Mit der Zeit werden Sie jedoch an Sicherheit gewinnen. Ich empfehle Ihnen, zu Beginn beide Methoden, den klassischen und den intuitiven Weg, gleichzeitig anzuwenden und dann die Ergebnisse miteinander zu vergleichen. Das stärkt Ihr Selbstvertrauen. Wählen Sie zuerst intuitiv die Bach-Blüten, schauen Sie nicht auf das Etikett, und legen Sie die gewählte(n) Essenz(en) beiseite. Dann wählen Sie die Bach-Blüten für die gleiche Problematik bzw. das gleiche Tier auf dem klassischen Weg aus. Lassen Sie sich nicht entmutigen, wenn die Ergebnisse nicht genau übereinstimmen. Übung macht den Meister.

Die Qualität des intuitiven Weges hängt wesentlich davon ab, wie intensiv Sie sich mit dem Tier verbinden. Wenn es Ihr eigenes Tier ist, wird diese Verbindung Ihnen wahrscheinlich leichter fallen. Handelt es sich um ein fremdes Tier, dann sollten Sie in Erwägung ziehen, die jeweilige Bezugsperson intuitiv die Bach-Blüten wählen zu lassen, sofern diese Person offen dafür ist. Wenn jemand diese Vorgehensweise für absolut unsinnig hält, wird das Ergebnis wahrscheinlich dementsprechend sein. Dann sollten Sie die Essenz lieber selbst auswählen.

Die zweite Schlüssel zum Erfolg ist das Vertrauen in das eigene Gefühl. Niemand wird Ihnen sagen können, ob Sie das Richtige oder Falsche gefühlt haben, sofern es das überhaupt gibt. Selbst der Vergleich mit dem klassischen Weg ist nicht immer verläßlich. Ich habe oft erlebt, daß ich Bach-Blüten intuitiv gezogen habe, die ich mit dem Verstand niemals gewählt hätte, ja sogar als hochgradig unpassend für mich empfand. Ich habe in solchen Fällen meinem Gefühl vertraut, und es hat sich meistens als richtig erwiesen. Im nachhinein konnte manchmal mein Verstand meine Wahl auch nachvollziehen, aber nicht immer.

Am Anfang mag die innere Stimme, wie immer sie sich auch äußert, sehr leise und kaum vernehmbar sein, das wird sich aber mit der Übung und dem wachsenden Erfolg schnell ändern.

Nach der Auswahl der Bach-Blütenessenzen, die Sie anwenden möchten, werden diese zubereitet. Dabei können Sie genauso vorgehen, wie es beim klassischen Weg unter Schritt 5 beschrieben ist. Auch die weiteren Schritte 6 und 7 sind für beide Wege identisch.

Die einzelnen Bach-Blüten
und ihre Wirkungen

Im folgenden Kapitel sind die einzelnen Bach-Blüten zuerst in ihrer Essenz und in ihrer Wirkungsweise beschrieben. Im Anschluß daran folgt eine Aufzählung von Verhaltensweisen und Eigenschaften, die Tiere zeigen können, bei denen die jeweilige Bach-Blüte angezeigt ist. Je mehr dieser Verhaltensweisen und Eigenschaften auf das zu behandelnde Tier zutreffen, um so sicherer können Sie davon ausgehen, daß Sie die richtige Bach-Blüte gefunden haben.

Daran schließt sich eine Auflistung möglicher körperlicher Symptome an, die in diesem Zusammenhang auftreten können, aber nicht müssen. Beachten Sie, daß auch andere körperliche Symptome vorkommen können, die hier nicht aufgezählt sind.

Am Ende folgt eine Reihe besonderer Einsatzmöglichkeiten, die sich in der Praxis bewährt haben. Diese sollen jedoch nur der Orientierung dienen und zur Anwendung kommen, sofern keine anderen Informationen über das Tier vorliegen.

Entscheidend für die Wahl der Bach-Blütenessenzen sind in erster Linie die Verhaltensweisen und Eigenschaften, die ein Tier zeigt, so wie sie in der Essenz ganz zu Anfang beschrieben sind.

Agrimony

Odermennig

Diese Bach-Blüte verhilft dem Tier zu innerer Ruhe und Ausgeglichenheit. Agrimony verbessert die Fähigkeit, mit Schwierigkeiten und Disharmonien umzugehen, die das Tier bisher unter Druck gesetzt haben und ein ruheloses Verhalten begünstigt haben. Gleichzeitig führt sie zu mehr Offenheit, so daß die Tiere mehr von ihren tatsächlichen Gefühlen zeigen.

Für Tiere mit folgenden Verhaltensweisen und Eigenschaften

* innere Unruhe, die sie gerne überspielen und verstecken
* gesellig, freundlich und fröhlich, obwohl es ihnen vielleicht gar nicht gut geht
* überlastet
* sie machen einen ermüdeten Eindruck, wenn sie sich unbeobachtet fühlen
* starkes Harmoniebedürfnis
* unterwürfig, demütig
* gehen Auseinandersetzungen aus dem Weg
* sehr aktiv und arbeitswillig auch bei Krankheit
* sensibel und empfindsam
* sind nicht gerne allein
* ringen um Aufmerksamkeit und haben das Bestreben zu gefallen
* unruhiger Schlaf
* selbstzerstörerische Neigungen (nagen und lecken an Pfoten, reißen Haare und zupfen Federn aus)
* kommen mit ihrem Besitzer nicht zurecht
* fühlen sich eingeengt

Mögliche körperliche Symptome

* Milzprobleme
* Gelbsucht
* Leberverhärtung
* Durchfall
* Leib- und Gliederschmerzen
* Hautprobleme
* Krätze
* Geschwüre
* Abszesse
* Furunkel
* Augenerkrankungen
* Muskelverkrampfungen
* Bandscheibenvorfall

Besondere Einsatzmöglichkeiten

* körperliche Überlastungen
* Stärkung von Leber, Galle, Milz
* Entgiftung
* unterstützend bei Übergewicht
* zur Heilung von klaffenden Wunden

Aspen

Espe oder Zitterpappel

Diese Bach-Blüte hilft dem meist sehr sensiblen Tier, allgemeine und unbestimmte Ängste zu überwinden. Aspen stärkt das Selbstvertrauen führt zu Furchtlosigkeit und mehr Mut.

Für Tiere mit folgenden Verhaltensweisen und Eigenschaften

* unbewußte, undefinierbare Ängste
* plötzlich auftretende Ängste inmitten einer Gruppe (Menschen, Tiere)
* Furcht vor Dunkelheit
* Alpträume (wachen immer wieder auf, jaulen und knurren im Schlaf)
* extrem unruhiger Schlaf
* Furcht in bestimmten Räumen oder Gegenden
* Angst vor unsichtbaren Kräften (die Tiere fürchten sich vor etwas scheinbar Gegenwärtigem, was aber nicht zu sehen ist)
* Angstbeißer

Mögliche körperliche Symptome

* Zittern
* hochgestellte Nackenhaare
* Schmerzen
* Entzündungen
* Fieber
* rheumatische Beschwerden
* Verbrennungen
* Hämorrhoiden
* Gicht
* Blasenleiden
* Prostataentzündungen
* chronische Dünndarmentzündung (evtl. mit Durchfall)
* Leberleiden
* nervös bedingte Herz-Kreislauf-Erkrankungen

Besondere Einsatzmöglichkeiten

* Reisekrankheit
* Wetterfühligkeit
* nach Mißhandlung

Beech

Rotbuche

Diese Bach-Blüte verhilft dem intoleranten und oft aggressiven Tier zu mehr Verständnis und Einfühlungsvermögen. Beech baut eine ablehnende Haltung ab und führt zu größerer Toleranz.

Für Tiere mit folgenden Verhaltensweisen und Eigenschaften

* Intoleranz
* Arroganz
* Kontaktschwierigkeiten zu anderen Tieren
* Pessimismus
* mangelndes Selbstwertgefühl
* Starre und mangelnde Flexibilität
* lärmempfindlich
* Sturheit, Dickköpfigkeit
* Unausgeglichenheit
* leiche Erregbarkeit
* Aggressivität
* will seinen Willen aufzwingen, andere tyrannisieren

Mögliche körperliche Symptome

* Verdauungsbeschwerden
* Steifheit
* Gelenkentzündungen
* Hauterkrankungen
* Allergie

Besondere Einsatzmöglichkeiten

* Protestpinkeln
* Unsauberkeit
* Anpassungsschwierigkeiten
* Kontaktschwierigkeiten
* übertriebener Schutztrieb
* Fellbeißen
* Federrupfen

Centaury

Tausendgüldenkraut

Diese Bach-Blüte steigert die Willenskraft und fördert damit die innere Stärke. Centaury hilft willensschwachen, meist extrem gutmütigen Tieren, sich besser abzugrenzen. Ihre unterwürfige und konfliktscheue Verhaltensweise, die versucht, es allen recht zu machen, kann durch Centaury in eine selbstbewußte und willensstarke Haltung verwandelt werden.

Für Tiere mit folgenden Verhaltensweisen und Eigenschaften

* Willensschwäche
* Ängstlichkeit
* passiv
* schwaches Selbstwertgefühl
* Gutmütigkeit
* Nachgiebigkeit
* lassen sich ausnutzen und unterdrücken
* sanft
* sind zu „lieb"
* sind zu ruhig
* Unterwürfigkeit
* Einsatz bis zur totalen Erschöpfung
* schnelle Ermüdung
* suchen Anerkennung
* Schüchternheit
* sind äußerst sensibel
* leiden unter Konzentrationsschwäche

Mögliche körperliche Symptome

* Appetitlosigkeit
* Erschöpfungszustände
* geschwächtes Immunsystem
* Wurmbefall
* häufiger Zeckenbefall
* Atemwegserkrankungen
* Blasenentzündungen
* Magenschmerzen
* Augenerkrankungen
* Verdauungsprobleme (Verstopfung)
* Blutarmut
* Leberstau

Besondere Einsatzmöglichkeiten

* bei langer, auszehrender Krankheit
* zur Entwurmung
* gestörtes Sozialverhalten (Besitzerfixierung)
* Frühjahrsentschlackung

Cerato

Bleiwurz oder Hornkraut

Diese Bach-Blüte hilft Tieren, die sich anderen aufgrund mangelnden Selbstvertrauens immer unterordnen und sich überall anpassen. Sie ahmen andere Tiere oder Menschen nach und zeigen meist ein ausgeprägt unsicheres Verhalten. Mit Entscheidungen tun sie sich sehr schwer. Cerato steigert das Selbstvertrauen und führt so zu mehr Entschlossenheit und Selbstsicherheit.

Für Tiere mit folgenden Verhaltensweisen und Eigenschaften

* mangelndes Selbstvertrauen
* Unsicherheit
* Ängstlichkeit
* Naivität
* sind leicht zu beeinflussen
* leben in extremer Abhängigkeit vom Tierhalter
* können nicht alleine sein
* haben Angst vor dem Alleinsein
* sind mißtrauisch

Mögliche körperliche Symptome

* Entwicklungsstörungen
* Zahnprobleme
* Verdauungsschwierigkeiten
* Übergewicht
* Wurmbefall

* Tumore
* Ödeme
* Verhornungen

Besondere Einsatzmöglichkeiten

* Heimweh (Urlaub)
* als blasenziehendes Hautreizmittel

Cherry Plum

Kirschpflaume

Diese Bach-Blüte hilft Tieren, die durch eine Streßsituation oder einen anhaltenden Konflikt unter großem inneren Druck stehen. Cherry Plum kann diese Anspannung und Streßsituation auflösen, indem sie zu mehr Gelassenheit und Vertrauen führt. Cherry Plum gibt Mut und ist Bestandteil der Notfalltropfen.

Für Tiere mit folgenden Verhaltensweisen und Eigenschaften

* Verzweiflung
* übertriebene Angst
* tiefe Depression
* überschießende Ausbrüche von Jähzorn, Aggressivität
* ständige Unruhe
* Spannungszustände, die sich in zwanghaften Handlungen zeigen (weben, hin- und herlaufen)
* Hysterie
* Angstbeißen
* Unfähigkeit, zu entspannen

Mögliche körperliche Symptome

* Epilepsie
* Gehirnerkrankungen
* Verstopfung
* Muskelkrämpfe

Besondere Einsatzmöglichkeiten

* Jungtiere, die früh von der Mutter getrennt wurden
* unkontrolliertes Verhalten nach Schockerlebnissen und Unfällen

Chestnut Bud

Roßkastanienknospe

Diese Bach-Blüte hilft dem Tier, seine Konzentrationsfähigkeit zu steigern. Die Beobachtungsgabe und Lernfähigkeit nimmt zu, so daß es aus seinen Erfahrungen lernen kann und nicht immer die gleichen Fehler macht. Gleichzeitig erleichtert Chestnut Bud die Anpassung an neue Gegebenheiten.

Für Tiere mit folgenden Verhaltensweisen und Eigenschaften

* machen einen zerstreuten Eindruck
* Konzentrationsschwierigkeiten
* Ruhelosigkeit
* sind nicht ganz präsent
* Lernschwierigkeiten, lernen nur langsam
* Naivität
* machen ständig die gleichen Fehler
* haben immer wieder die gleichen Probleme

Mögliche körperliche Symptome

* Gefäßerkrankungen
* Kreislauferkrankungen
* Hämorrhoiden
* Venenentzündungen
* Krampfadern
* rheumatische Erkrankungen
* Sehstörungen bis zur Blindheit
* Hörprobleme bis zur Taubheit

* Erkrankungen des Bewegungsapparates
* chronische Erkrankungen mit Neigung zu Rückfällen
* Magen- und Darmerkrankungen
* Atemwegserkrankungen

Besondere Einsatzmöglichkeiten

* bei Anfällen oder periodisch auftretenden Erkrankungen (z.B. Asthma, Krämpfe, Migräne)
* Husten und Dämpfigkeit bei Pferden
* bei weiblichen Tieren, die immer wieder Schwierigkeiten beim Deckakt oder bei der Geburt haben

Chicory

Wegwarte oder Zichorie

Diese Bach-Blüte ist für die Tiere bestimmt, die alles tun, um Aufmerksamkeit zu bekommen. Oft äußert sich dies, indem sie vor allem den mütterlichen Aspekt übertreiben. Chicory hilft, die hingebungsvolle, selbstlose Liebe zu entwickeln, die nicht mehr nach Aufmerksamkeit schreit, sondern loslassen kann und Zurückhaltung übt.

Für Tiere mit folgenden Verhaltensweisen und Eigenschaften

* Egoismus
* wollen immer im Mittelpunkt stehen
* kämpfen um Aufmerksamkeit
* unbewußte Herrschsucht
* Hartherzigkeit
* betteln um Liebe und Anerkennung
* sind besitzergreifend
* sind fordernd und rücksichtslos
* wollen alles kontrollieren
* sind unersättlich
* sind aufdringlich
* übertriebene Fürsorglichkeit und Schutztrieb
* sind nachtragend und können nicht vergeben
* wollen nicht alleine sein
* Wehleidigkeit (um Aufmerksamkeit zu bekommen)

Mögliche körperliche Symptome

* Asthma
* Erkrankungen der Geschlechtsorgane (Sexualorgane)
* Zystenbildung
* Mammatumore
* Gebärmutterentzündung
* Gallensteine
* chronische Magen- und Darmerkrankungen
* Verstopfung
* Stoffwechselprobleme
* Gelenkerkrankungen

Besondere Einsatzmöglichkeiten

* zur Entschlackung und Entgiftung
* bei Leberproblemen

Clematis

Weiße Waldrebe

Diese Bach-Blüte hilft den Tieren, die den Eindruck vermitteln, daß sie nicht „ganz da" sind. Ihre desinteressierte, motivationslose und passive Verhaltensweise kann durch Clematis verändert werden. Clematis führt zu mehr Lebendigkeit, Wachheit und Freundlichkeit und ist Bestandteil der Notfalltropfen.

Für Tiere mit folgenden Verhaltensweisen und Eigenschaften

* passiv
* Zurückhaltung
* träumen und sind immer wie abwesend
* sind zu ruhig
* sind depressiv und träge
* Langsamkeit
* machen einen kraftlosen Eindruck
* Unkonzentriertheit
* Empfindlichkeit
* Vergeßlichkeit
* Ungeschicktheit
* Tolpatschigkeit
* liegen und schlafen viel
* Willensschwäche
* geistesabwesend
* Unterwürfigkeit
* Antriebslosigkeit und Desinteresse
* machen einen traurigen Eindruck
* entwickeln selbstzerstörerische Neigungen

Mögliche körperliche Symptome

* Hauterkrankungen
* Krätze
* Ekzeme
* Sehprobleme
* Hörprobleme
* haben Krankheiten, die nicht heilen wollen
* Bewußtlosigkeit
* Geschlechtserkankungen, männlich
* Abwehrschwäche
* Infektionskrankheiten
* Herz- und Kreislauferkrankungen

Besondere Einsatzmöglichkeiten

* Abwehrsteigerung
* Entschlackung
* Entgiftung
* nach Unfall

Crab Apple

Holzapfel

Diese Bach-Blüte ist für Tiere, die ein ausgeprägtes Reinigungsbedürfnis zeigen mit einem manchmal pedantischen Sauberhalten des eigenen Körpers. Crab Apple kann diese übertriebene Abwehr gegen die eigene Unreinheit ausgleichen und führt zu mehr Gelassenheit und Selbstliebe.

Für Tiere mit folgenden Verhaltensweisen und Eigenschaften

* sind (über-)sensibel
* Unruhe
* zeigen ein ausgeprägtes Reinigungsbedürfnis
* zeigen Ekel vor dem eigenen Körper
* zeigen Ekel vor den eigenen Ausscheidungen und Ausdünstungen
* sind krankheitsanfällig
* Willensschwäche
* sind unterwürfig

Mögliche körperliche Symptome

* Stoffwechselstörungen
* Flohbefall
* Lausbefall
* Herbstgrasmilbenbefall
* Zeckenbefall
* Wurmbefall
* Pilzbefall

* Zahnstein
* stumpfes, glanzloses Fell
* Lebererkrankungen
* Gallenerkrankungen
* Infektionen
* Verletzungen
* Wunden
* Schleimhautreizungen
* Blasenerkrankungen
* Allergien (Stauballergie, Asthma)
* Juckreiz
* Hauterkrankungen
* Ekzeme
* Vergiftungen
* Durchfall

Besondere Einsatzmöglichkeiten

* Entschlackung
* Entgiftung
* bei Parasitenbefall
* Reinigung und Schutz nach Einnahme von allopathischen Medikamenten (Antibiotika, Schmerz- und Beruhigungsmittel)

Elm

Ulme

Diese Bach-Blüte ist für Tiere geeignet, die den Eindruck machen, daß sie überfordert sind, obwohl sie im Grunde sehr leistungsstark und willig sind. Elm kann bei diesem Einbruch helfen, indem es zu innerer Sicherheit, Selbstvertrauen und Zuversicht verhilft.

Für Tiere mit folgenden Verhaltensweisen und Eigenschaften

* schnelle Ermüdung
* motivationslos
* plötzliches Auftreten von Schwäche und Müdigkeit
* Erschöpfung
* Lustlosigkeit
* Nervosität
* Konzentrationsstörungen
* Depression
* normalerweise selbstsicher und zuverlässig

Mögliche körperliche Symptome

* Kreislaufstörungen
* Herzrasen
* Schweißausbrüche
* Durchfall
* Erbrechen
* Kopfschmerzen
* rheumatische Erkrankungen
* Gicht
* Tumore
* Hauterkrankungen
* Ekzeme
* Lungenerkrankungen
* Ausschlag
* Geschwüre

Besondere Einsatzmöglichkeiten

* Geburtsvorbereitung
* vor großen Herausforderungen
* bei Versagen

Gentian

Herbstenzian

Diese Bach-Blüte hilft Tieren, die eine pessimistische und mißtrauische Grundhaltung zeigen. Mangelndes Vertrauen, auch in die eigenen Fähigkeiten, führt zu einer übervorsichtigen und leicht zu entmutigenden Vorgehensweise. Gentian führt zu mehr Selbstvertrauen, Mut und Ausdauer.

Für Tiere mit folgenden Verhaltensweisen und Eigenschaften

* mangelndes Selbstvertrauen
* selbstzerstörerisches Verhalten
* Unsicherheit
* haben kein Durchhaltevermögen
* geben schnell auf
* gehen kein Risiko ein
* Hoffnungslosigkeit
* sind depressiv
* lassen sich leicht entmutigen
* Mißtrauen
* sind übervorsichtig
* reagieren zögerlich

Mögliche körperliche Symptome

* Kraftlosigkeit
* Verdauungsstörungen
* akute Infektionskrankheiten
* häufige Rückfälle nach Krankheiten

* Abwehrschwäche
* Herz- und Kreislauferkrankungen
* schlechte Wundheilung
* Nierenerkrankungen

Besondere Einsatzmöglichkeiten

* bei Besitzerwechsel
* bei extremen Lebensveränderungen
* nach besonders belastenden Vorfällen

Gorse

Stechginster

Diese Bach-Blüte ist für Tiere günstig, die den Eindruck machen, daß sie sich selbst aufgegeben haben. Hoffnungslosigkeit und Resignation stehen im Vordergrund. Gorse kann hier helfen, indem es wieder Hoffnung, Mut und Lebenswillen gibt und damit die Kraft zur Überwindung der Krise mobilisiert.

Für Tiere mit folgenden Verhaltensweisen und Eigenschaften

* ausgeprägte Hoffnungslosigkeit und Verzweiflung
* sind depressiv und mutlos
* machen einen resignierten Eindruck
* Lustlosigkeit
* sind traurig
* wirken kraftlos und erschöpft
* Antriebslosigkeit
* passiv
* scheinen unter Langeweile zu leiden
* Appetitlosigkeit

Mögliche körperliche Symptome

* chronische Krankheiten
* stumpfes, glanzloses Fell
* tiefliegende, glanzlose Augen
* kraftlose Haltung
* Verdauungsbeschwerden
* Abwehrschwäche
* ungepflegt
* unangenehm riechende Ausdünstungen

Besondere Einsatzmöglichkeiten

* schlecht heilende Wunden und Verletzungen
* stockender Heilungsprozeß
* nach stark belastenden Erlebnissen (Trennung, Verlust)
* zur Erleichterung des Sterbeprozesses in Endphasen von Krankheiten

Heather

Schottisches Heidekraut

Diese Bach-Blüte ist für Tiere, die man mit einem Kleinkind vergleichen kann. Mit ihrem Bedürfnis nach Zuwendung und Aufmerksamkeit zeigen sie teilweise sehr aufdringliche und belästigende Verhaltensweisen. Das Alleinsein halten sie nicht aus. Heather kann hier helfen, den Drang nach Zuneigung auszugleichen, und führt zu einem natürlichen Selbstbewußtsein und Selbstvertrauen.

Für Tiere mit folgenden Verhaltensweisen und Eigenschaften

* suchen Anerkennung
* sind anhänglich bis aufdringlich
* wollen extrem viel Aufmerksamkeit
* sind nervend und rücksichtslos
* belästigen ihren Halter permanent
* können nicht alleine sein
* übertreiben gerne
* sind unfolgsam
* sind egoistisch
* wollen im Mittelpunkt stehen
* bei Einsamkeit werden sie krank und zerstören gerne Dinge
* Protestpinkeln und -koten
* kläffen und jaulen/miauen viel
* suchen körperlichen Kontakt

Agrimony (Odermennig – Agrimonia eupatoria)

Vorkommen: an Hecken und Wegrändern, auf kalkreichen Böden

Aussehen: gelbe Blüten, 30 – 100 cm hoch, Blütendurchmesser etwa 5 – 8 mm

Blütezeit: Juni bis August

Sonstiges: Man sollte keine einzelnen Blüten, sondern blühende Stiele mit möglichst wenig Knospen verwenden.

Agrimony

Aspen (Espe – Populus tremula)

Vorkommen: auf kargem Boden und in sumpfigen Auen

Aussehen: kleiner Baum mit bis zu 15 m Höhe, kleine, graue Kätzchen, graue Blüten, glatte, silbrig-grüne Rinde

Blütezeit: Februar bis April

Sonstiges: Sammeln Sie sowohl männliche als auch weibliche Blüten.

Aspen

Beech (Buche – Fagus sylvatica)

Vorkommen: überall, wo der Boden gut bewässert ist

Aussehen: bis zu 30 m hoch, glatte, graue Rinde, rötliche Blüten

Blütezeit: April bis Mai

Sonstiges: Kupfer- und Trauerbuche sind Züchtungen aus der ursprünglichen Buche und somit nicht zur Herstellung der Essenz geeignet.

Beech

Centaury (Tausendgüldenkraut – Centaurium erythea)

Vorkommen: im offenen Grasland, trockene, kalkhaltige Böden

Aussehen: 5 – 50 cm Höhe, fünfblättrige, rosa Blüten in Dolden

Blütezeit: Juni bis September

Sonstiges: Verwenden Sie einzelne, vollständig geöffnete Blüten.

Centaury

Cerato (Bleiwurz – Ceratostigma willmottiana)

Vorkommen: in vielen Gärten und Parks in geschützter Südlage

Aussehen: kleiner Strauch, bis zu 1 m hoch, rotbraune Zweige, hellviolette, fünfblättrige Blüten mit bis zu 15 cm Durchmesser, jede Blüte blüht nur einen Tag

Blütezeit: August bis Oktober

Sonstiges: Drei bis vier unverwelkte Blüten genügen für eine Schale.

Cerato

Cherry Plum

Cherry Plum (Kirsch-Pflaume – Prunus cerasifera)

Vorkommen: an sonnigen, geschützten Plätzen

Aussehen: kleiner Baum von bis zu 8 m Höhe, abgerundete Krone, schneeweiße, fünfblättrige Blüten mit etwa 2 cm Durchmesser

Blütezeit: Februar bis April

Sonstiges: Man findet sie leider hierzulande sehr selten.

Chestnut Bud

Chestnut Bud (Roßkastanienknospen – Aesculus hippocastanum)

Vorkommen: fast überall

Aussehen: klebrige, große Knospen, hufeisenförmig gezeichnete Blätter

Blütezeit: April

Sonstiges: Die Knospe muß bereits leicht geöffnet sein; eine einzige Knospe reicht bereits zur Herstellung.
Achtung: Die Roßkastanie sollte nicht mit der Roten Kastanie verwechselt werden, die eine eigene Bachblüte ist.

Chicory

Chicory (Zichorie – Chicorium intybus)

Vorkommen: am Feld- und Wegrand

Aussehen: blaue bis rosafarbene, leicht ausgefranste Blüten, die bis zu 4 cm Durchmesser haben; die Pflanze kann 1 m groß werden, Blätter und Stiele sind unbehaart

Blütezeit: Juli bis September

Sonstiges: Da die Zichorie oft am Feldrand wächst, sollte man darauf achten, daß sie nicht mit Chemikalien verseucht ist; es sollten nur Pflanzen mit reinen, blauen Blüten verwendet werden.

Clematis

Clematis (Waldrebe – Clematis vitalba)

Vorkommen: rankt sich an Hecken, kleinen Bäumen und Sträuchern hoch

Aussehen: bis zu 30 m lange Stiele, die von Bäumen herabhängen; spitze Blätter etwa 15 cm lang; weiße, vierblättrige Blüten

Blütezeit: Juli bis September

Sonstiges: Die Zierclematis sollte nicht verwendet werden; sammeln Sie besonders Blüten, die stark duften.

Crab Apple

Crab Apple (Holzapfel – Malus sylvestris)

Vorkommen: in Hecken oder am Waldrand

Aussehen: ein kleiner Baum von höchstens 10 m Höhe; rosa Knospen und weiße Blüten von etwa 25 mm Durchmesser

Blütezeit: Mai

Sonstiges: Der Holzapfel sollte nicht mit dem gezüchteten Apfelbaum oder Zierholzäpfeln verwechselt werden.

Elm (Ulme – Ulmus procera)

Vorkommen: an lichten Orten

Aussehen: bis zu 25 m hoher Baum, Zweige wachsen aus dem Hauptstamm; behaarte Blätter; rot-grüne Blüten, die in Büscheln wachsen

Blütezeit: Februar bis März

Sonstiges: Es werden viele Blüten von möglichst mehreren Bäumen verwendet.

Elm

Gentian (Bitterer Enzian – Gentiana amarella)

Vorkommen: trockene Wiesen, höhere Lagen

Aussehen: Auf einem 10 – 20 cm langen Stiel wachsen die kleinen, pur-
purfarbenen bis violetten, trompetenförmigen Blüten, deren Kelch von
fünf Blättern eingeschlossen wird und von einer weißen Umrandung um-
geben ist

Blütezeit: August bis Oktober

Sonstiges: Einige wenige Blüten ohne Stengel reichen für die Herstellung aus.

Gentian

Gorse (Stechginster – Ulex europaeus)

Vorkommen: überall, besonders jedoch in der Heide

Aussehen: stacheliger, immergrüner Busch mit 1 – 2 cm langen Dornen;
bis zu 2 m hoch; goldfarbene Blüten

Blütezeit: März bis Juni

Sonstiges: Verwenden Sie vor allem nichtduftende Blüten.

Gorse

Heather (Heidekraut – Calluna vulgaris)

Vorkommen: überall auf sauren Böden

Aussehen: holziger, immergrüner Busch mit sehr kleinen Blättern und
purpurnen, vierblättrigen Blüten

Blütezeit: August bis September

Sonstiges: Bach empfahl nur beim Heidekraut, die Essenz am Nach-
mittag herzustellen; es sollen blühende Stiele mit wenigen Knospen und
welken Blüten verwendet werden.

Heather

Holly (Stechpalme – Ilex aquifolium)

Vorkommen: weit verbreitet

Aussehen: immergrüner Baum mit glatter, grauer Rinde, der bis zu 20 m
hoch wird; stachelige Blätter; kleine, weiße, stark duftende Blüten

Blütezeit: Mai bis Juni

Sonstiges: Männliche und weibliche Blüten sollten verwendet werden.

Holly

Honeysuckle

Honeysuckle (Geißblatt – Lonicera caprifolium)

Vorkommen: in alten Gärten, gelegentlich wild in Hecken oder am Waldrand

Aussehen: bis zu 6 m lange Kletterpflanze; die Blüten bilden Trauben von roten Röhren, deren Inneres weiß ist

Blütezeit: Juni bis August

Sonstiges: Verwenden Sie die tiefroten Blüten ohne Stiel.

Hornbeam

Hornbeam (Hainbuche – Carpinus betula)

Vorkommen: an freien Stellen mit viel Licht

Aussehen: bis 20 m hoher Baum; glatte Rinde mit grauen Streifen; gezahnte Blätter; gelbe Kätzchen

Blütezeit: April bis Mai

Sonstiges: Man sollte Blüten von verschiedenen Bäumen sammeln.

Impatiens

Impatiens (Springkraut – Impatiens glandulifera)

Vorkommen: an Ufern und fließenden Gewässern

Aussehen: große, spitze Blätter mit purpurnem Rand; die Blüte besteht aus fünf zusammengewachsenen, rötlichen Blütenblättern

Blütezeit: Juli bis zum ersten Frost

Sonstiges: Nur die Blüten werden zur Herstellung verwendet.

Larch

Larch (Lärche – Larix decidua)

Vorkommen: feuchte Böden

Aussehen: 30 m hoher Nadelbaum, der im Herbst die Nadeln verliert; rote (weibliche) und gelbe (männliche) Blüten

Blütezeit: März bis April

Sonstiges: Blüten beiderlei Geschlechts mitsamt der Knospen werden verwendet.

Mimulus

Mimulus (Gauklerblume – Mimulus guttatus)

Vorkommen: an fließenden, klaren, unverseuchten Gewässern

Aussehen: fleischige, grüne Stiele; etwa 50 cm hoch; große, gelbe Blüten mit roten Flecken auf der Unterseite

Blütezeit: Juni bis August

Sonstiges: Zwei bis drei Blüten pro Schale sind ausreichend.

Mustard (Ackersenf – Sinapis arvensis)

Vorkommen: „Unkraut" auf vielen Feldern; am Straßenrand

Aussehen: 50 – 70 cm hoch; vierblättrige, gelbe Blüten mit 1 – 2 cm Durchmesser; gelappte und gezahnte, behaarte Blätter

Blütezeit: Mai bis Juli

Sonstiges: Nur voll geöffnete Blüten ohne die Samenkapseln werden verwendet.

Mustard

Oak (Eiche – Quercus robur)

Vorkommen: überall in Deutschland

Aussehen: Blätter ohne Stiel; knospenähnliche, rote Blüten auf 2 – 3 cm langem Stiel

Blütezeit: April bis Mai

Sonstiges: Man sammelt nur Blüten, die auf der Südseite wachsen.

Oak

Olive (Olive – Olea europoea)

Vorkommen: in südlichen Ländern, in bergigen Gegenden

Aussehen: kleiner Baum von 5 – 15 m Höhe; die Blüten wachsen in Dolden, sind creme-weiß und ziemlich klein

Blütezeit: Mai bis Juni

Sonstiges: Ganze Dolden werden verwendet; Oliven in Olivenplantagen eignen sich nicht.

Olive

Pine (Föhre – Pinus sylvestris)

Vorkommen: auf kargen Böden

Aussehen: großer immergrüner Nadelbaum mit paarigen Nadeln von 5 – 8 cm Länge; die weiblichen Blüten sind kleine, rötliche Zapfen, die männlichen bilden Trauben kleiner, gelblicher Kügelchen

Blütezeit: Mai

Sonstiges: Die Blüten sollten dann gesammelt werden, wenn beim Schütteln gelbliche Pollenwölkchen entstehen.

Pine

Red Chestnut (Rote Kastanie – Aesculus carnea)

Vorkommen: in ganz Deutschland

Aussehen: 10 – 15 m hoch; die Blüten bilden stehende rote Kerzen von 1 – 2 cm Länge

Blütezeit: Mai bis Juni

Sonstiges: Die gesamten Kerzen werden zur Herstellung der Essenz benötigt.

Red Chestnut

Rock Rose

Rock Rose (Sonnenröschen – Helianthemum nummularium)

Vorkommen: auf felsigem Boden im Mittelgebirge

Aussehen: große, goldgelbe Blütenblätter; die Blüte ist flach und hat etwa 2 – 3 cm Durchmesser

Blütezeit: Mai bis August

Sonstiges: Dr. Bach betonte, daß nur wildwachsende Blüten verwendet werden sollten.

Rock Water

Rock Water (Quellwasser)

Das Heilmittel Quellwasser stellt eine Besonderheit im System der Heiler Dr. Bachs dar. Es ist nicht nur der optimale Träger für die Aufnahme der Heilkräfte der Blüten, sondern auch für sich allein ein starkes Heilmittel.

Daß das Quellwasser selbst zu einer Essenz werden kann, illustriert sehr gut die nicht-materielle Natur der Bachschen Methode. Spätestens hier wird klar, daß dem Sonnenlicht eine nicht zu unterschätzende Kraftwirkung zukommt, die bei der Kochmethode wegfällt.

Vorkommen: geeignete Quellen finden sich aufgrund der fortgeschrittenen Verschmutzung unserer Umwelt fast nur noch im Gebirge

Zeit: Quellwasser-Essenz sollte möglichst im Frühjahr gewonnen werden

Sonstiges: Die Herstellung erfolgt wie die der anderen Essenzen, indem eine Schale mit Quellwasser etwa eine Stunde in ungetrübtem Sonnenlicht durchleuchtet wird.

Scleranthus

Scleranthus (Einjähriger Knäuel – Scleranthus anuus)

Vorkommen: auf Sandboden

Aussehen: dicht am Boden wachsend; kleine, stachelige Blätter; die kleinen, grünen Blüten haben keine Blütenblätter

Blütezeit: Mai bis September

Sonstiges: Nur die Blütenköpfe ohne Blätter sollen gesammelt werden.

Star of Bethlehem

Star of Bethlehem (Goldiger Milchstern – Ornithogalum umbellatum)

Vorkommen: offenes Grasland auf trockenen Böden

Aussehen: leuchtend weiße, sechsblättrige Blüten mit grünen Streifen auf der Rückseite; die Blüten haben 3 cm Durchmesser und sitzen auf einer Dolde, die bis zu zehn Blüten trägt

Blütezeit: April bis Juni

Sonstiges: Nur voll geöffnete Blüten sollte man sammeln; pflücken Sie von einer Dolde nur je eine Blüte.

Sweet Chestnut (Edelkastanie – Castanea sativa)

Vorkommen: besonders auf sandhaltigen Böden im Süden Deutschlands

Aussehen: sehr massiv mit großem Umfang und bis zu 30 m hoch; lange, spitze Blätter; männliche Blüten sind 2 – 3 cm lange, goldene Kätzchen; die weiblichen Blüten sind grün und unauffällig

Blütezeit: Juli

Sonstiges: Verwenden Sie gleichermaßen männliche wie weibliche Blüten.

Sweet Chestnut

Vervain (Eisenkraut – Verbena officinalis)

Vorkommen: am Wegrand, auf trockenen Böden

Aussehen: bis 1 m hoch, 4 – 5 mm kleine, rosa Blüten; behaarte Blätter, die nach oben hin kleiner werden

Blütezeit: Juni bis September

Sonstiges: Verwenden Sie nur aufgeblühte Blüten.

Vervain

Vine (Weinrebe – Vitis vinifera)

Vorkommen: überall, wo es sonnig und warm ist

Aussehen: wild gewachsen können die rankenden Stiele bis zu 20 m lang werden; fünfzackige Blätter; kleine grüne Blüten, die verzweigte Trauben bilden

Blütezeit: Mai bis Juni

Sonstiges: Es sollten ganze, duftende Blütentrauben nur von wilden Weinreben verwendet werden.

Vine

Walnut (Walnuß – Juglans regia)

Vorkommen: warme Gegenden und fruchtbare Böden

Aussehen: duftende Blätter, spitze Blätter mit 7 bis 10 Nebenblättern; kleine, grüne, flaschenförmige Blüten

Blütezeit: April bis Mai

Sonstiges: Zusätzlich zu den (weiblichen) Blüten können auch noch einige männliche Kätzchen hinzugefügt werden.

Walnut

Water Violet (Sumpfwasserfeder – Hottonia palustris)

Vorkommen: in sumpfigen Gegenden

Aussehen: gefiederte Blätter unterhalb der Wasseroberfläche; kleine Blüten mit fünf blaßrosa Blütenblättern und einem gelben Mittelpunkt

Blütezeit: Mai bis Juni

Sonstiges: Verwenden Sie möglichst große Blüten.

Water Violet

White Chestnut (Roßkastanie – Aesculus hippocastanum)

Vorkommen: auf weiten, lichten Plätzen

Aussehen: handförmige Blätter aus fünf oder sieben Einzelblättern; die weißen Blüten mit rosa oder gelbem Mittelpunkt sind in weißen Kerzen angeordnet

Blütezeit: Mai bis Juni

Sonstiges: Eine Blütenkerze mit vielen geöffneten Blüten genügt.

White Chestnut

Wild Oat (Wald-Trespe – Bromus ramosus)

Vorkommen: an Waldrändern

Aussehen: sehr hohes Gras (bis 1,5 m); behaarte Garbe

Blütezeit: Juli bis August

Sonstiges: Die blühenden Grasspitzen werden verwendet.

Wild Oat

Wild Rose (Heckenrose – Rosa canina)

Vorkommen: sonnige, gut bewässerte Stellen

Aussehen: bis 4 m lange, rankende Stiele; spitze Blätter mit sieben Nebenblättern; 5 cm große, weiße Blüten mit gelbem Stempel in der Mitte

Blütezeit: Juni bis Juli

Sonstiges: Zwei große Blüten genügen für die Herstellung der Essenz.

Wild Rose

Willow (Weide – Salix vitellina)

Vorkommen: feuchte Flußufer

Aussehen: 3 – 4 m hoher Hauptstamm, aus dem lange, ausladende Äste wachsen; die Blüten sind lange, grüne Kätzchen

Blütezeit: April bis Mai

Sonstiges: Es besteht die Gefahr der Verwechslung mit anderen Weidearten, besonders der Silberweide, die jedoch silbrige anstatt gelbgrüner Rinde hat.

Willow

Diese kurzen Hinweise dienen nur der ersten Orientierung. Viele Blüten sind nur im Ausland oder in entfernt gelegenen Gegenden zu finden. Es ist aber auch nicht notwendig, die Essenzen aller Blüten selbst herzustellen. Schon die Gewinnung von einer oder zwei wirksamen Essenzen ist ein schöner Erfolg. Wichtiger als die gewonnene Essenz, die ja auch gekauft werden kann, ist die tiefe, intuitive Erfahrung mit der Natur, die die eigene Herstellung mit sich bringt.

* Hauterkrankungen
* Ekzeme
* Juckreiz
* Nierenerkrankungen
* Blasenerkrankungen
* rheumatische Erkrankungen
* Herzbeschwerden
* Gelenkerkrankungen
* frühzeitige Alterserscheinungen
* Atemwegserkrankungen
* Hörprobleme

Besondere Einsatzmöglichkeiten

* Steigerung der Lernfähigkeit
* Verbessern der Beziehung zum Besitzer

Stechpalme

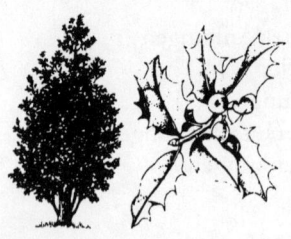

Diese Bach-Blüte ist für Tiere, die oftmals aus Eifersucht, extrem wütend und aggressiv reagieren. Ihr Angriff richtet sich gegen Tiere oder Menschen und kann mitunter sogar gefährlich werden, vor allem wenn es sich um große Hunde handelt. Holly kann hier helfen und bewirkt oft auch noch in Situationen einen Durchbruch, in denen keine andere Blüte mehr greift.

Für Tiere mit folgenden Verhaltensweisen und Eigenschaften

* Eifersucht
* Neid
* Mißachtung
* Jähzorn
* Aggressivität
* sind mißtrauisch und geradezu feindselig
* reagieren gewalttätig
* sind cholerisch
* Wut

* Allergien
* brennende und juckende Ekzeme
* Atemwegserkrankungen
* Schnupfen
* Husten
* akute Entzündungen
* plötzlich auftretende Infektionskrankheiten
* heftige und plötzliche Schmerzen
* nicht heilen wollende Wunden und Verletzungen
* plötzliches und heftiges Fieber
* Gallenkoliken
* Krämpfe
* Juckreiz

Besondere Einsatzmöglichkeiten

* wenn keine andere Bach-Blüte zu helfen scheint
* Angstbeißer
* unkontrollierte Aggressivität
* wenn ein neues Tier oder Kind in die Familie kommt

Geißblatt

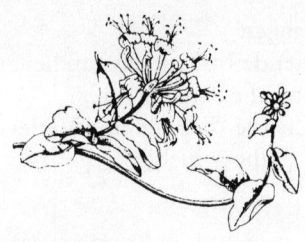

Diese Bach-Blüte ist für Tiere geeignet, die mit Veränderungen nicht zurechtkommen und vergangene Erlebnisse offensichtlich nicht verarbeitet haben. Sie nehmen die Gegenwart nicht richtig wahr und sind sehr desinteressiert. Honeysuckle holt sie in die Gegenwart zurück, hilft ihnen bei der Erlebnisbewältigung und führt zu mehr Lebendigkeit und Lebensfreude.

Für Tiere mit folgenden Verhaltensweisen und Eigenschaften

* mangelnde Flexibilität
* hängen am Vergangenen
* sind nicht präsent
* träumen und dösen viel
* sind motivationslos
* starren vor sich hin
* jammern und heulen häufig
* Traurigkeit
* passiv
* sind an allem desinteressiert

* leiden offensichtlich
* ziehen sich gerne zurück
* Appetitlosigkeit
* können keine Veränderungen akzeptieren

Mögliche körperliche Symptome

* Leberbeschwerden
* Verdauungsprobleme
* Verstopfung
* Nierenerkrankungen
* Atemwegserkrankungen
* Herzbeschwerden
* Kreislaufprobleme

Besondere Einsatzmöglichkeiten

* Abführmittel
* Narbenverheilung
* Ortswechsel
* Besitzerwechsel
* extreme Veränderungen der Lebensbedingungen
* Tiere, denen man ihre Aufgabe genommen hat
* Jungtiere, die zu früh von der Mutter entwöhnt wurden
* Muttertiere, die ihre Jungen abgeben müssen
* für Tiere aus dem Tierheim
* bei Panik

Hornbeam

Weißbuche oder Hainbuche

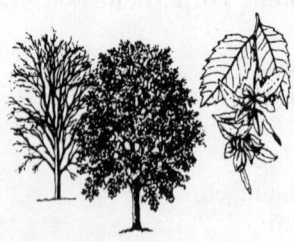

Diese Bach-Blüte ist für Tiere, die einen erschöpften und un-
motivierten Eindruck machen, so als seien sie mit einer Aufgabe überfordert. Hornbeam trägt zur Überwindung dieses
Zustands bei und führt zu mehr Kraft, Vitalität, Durchhaltevermögen und Lebensfreude.

Für Tiere mit folgenden Verhaltensweisen und Eigenschaften

* Müdigkeit
* geistige und körperliche Erschöpfung
* Konzentrationsprobleme
* Antriebsschwäche
* fühlen sich überfordert
* sind traurig
* scheinen unmotiviert
* verhalten sich träge
* leiden unter Appetitlosigkeit

Mögliche körperliche Symptome

* tränende Augen
* Bindegewebsschwäche
* rheumatische Erkrankungen
* Muskelverspannungen
* schwere, langsam heilende Verletzungen
* Gelenkprobleme
* Allergien
* Atemwegserkrankungen

Besondere Einsatzmöglichkeiten

* bei Überlastung
* Erschöpfungszustände
* bei nicht artgerechter Haltung
* Antriebsschwäche
* für schwache, kraftlose ältere Tiere

Impatiens

Drüsentragendes Springkraut

Diese Bach-Blüte ist für Tiere, die auffallend ungeduldig, hektisch und nervös sind. Sie stehen unter ständiger innerer Anspannung, die oft auf eine nichtartgerechte Haltung zurückzuführen ist. Überschäumende Reaktionen und leichte Reizbarkeit sind Begleiterscheinungen dieses Zustands. Impatiens kann diese Ungeduld ausgleichen und ist Bestandteil der Notfalltropfen.

Für Tiere mit folgenden Verhaltensweisen und Eigenschaften

* Ungeduld
* überschäumende Reaktionen
* Empfindlichkeit
* leichte Reizbarkeit
* Nervosität
* Einzelgängertum
* hektisches Verhalten
* Aggressivität
* sind schnell erschöpft
* leiden unter innerer Anspannung
* fressen viel ohne Gewichtszunahme
* sind impulsiv
* scheinen unzufrieden

Mögliche körperliche Symptome

* Magen- und Darmerkrankungen
* Durchfall
* Koliken
* Kreislaufprobleme
* Herzrasen
* Hauterkrankungen
* Ekzeme
* Abszesse
* Hautpilz
* Schwitzen
* Allergien
* Juckreiz
* Muskelverspannungen
* Krämpfe
* Lebererkrankungen
* Gallenprobleme
* Blasenentzündungen

Besondere Einsatzmöglichkeiten

* Unruhe
* Ungeduld

Larch

Lärche

Diese Bach-Blüte ist für Tiere, die in ihrem Verhalten den Eindruck vermitteln, als würden sie von starken Minderwertigkeitsgefühlen und Versagensängsten geplagt. Larch kann den dominierenden Selbstvertrauensmangel ausgleichen und das Selbstwertgefühl stärken.

Für Tiere mit folgenden Verhaltensweisen und Eigenschaften

* sind überaus zurückhaltend
* haben Angst vor neuen Situationen
* reagieren feige
* Anpassungsschwierigkeiten
* sondern sich gerne ab
* sind ungeschickt bis tolpatschig
* passiv
* geben bei Konflikten nach
* sind konfliktscheu
* mangelnde Flexibilität
* weichen Veränderungen aus
* sind unsicher
* sind schnell entmutigt

Mögliche körperliche Symptome

* Abwehrschwäche
* Kreislauferkrankungen
* Impotenz
* schwacher Körperbau
* Bindegewebsschwäche
* akute Infektionskrankheiten
* Atemwegserkrankungen
* Verdauungsprobleme

Besondere Einsatzmöglichkeiten

* Steigerung der Abwehrkräfte
* Lernschwierigkeiten
* Anpassungsschwierigkeiten

Mimulus

Gefleckte Gauklerblume

Diese Bach-Blüte richtet sich an Tiere, die sehr ängstlich und überempfindlich sind, wobei sich ihre Angst immer auf bestimmte Situationen, Menschen oder Tiere bezieht. Mimulus kann diesen schüchternen Tieren, die oft Einzelgänger sind, helfen, indem es zu mehr Selbstvertrauen und Mut führt.

Für Tiere mit folgenden Verhaltensweisen und Eigenschaften

* Überempfindlichkeit bei äußeren Reizen
* Angst vor bestimmten Situationen, bestimmten Dingen, Menschen oder Tieren
* allgemeine Ängstlichkeit und Schreckhaftigkeit
* sind ausgesprochen zurückhaltend
* benehmen sich unauffällig
* wirken angespannt oder nervös
* sind schüchtern
* sind scheu
* Einzelgänger
* reagieren übervorsichtig

Mögliche körperliche Symptome

* zarter Körperbau
* erkranken häufig
* Abwehrschwäche
* schwitzen schnell
* Verdauungsbeschwerden

* Durchfall
* Blasenbeschwerden
* Allergien
* Hauterkrankungen
* akute Infektionskrankheiten

Besondere Einsatzmöglichkeiten

* Nachbehandlung nach Operationen und Verletzungen, wenn Tiere Angst vor möglichen Schmerzen zeigen
* bei Angst vor konkreten Situationen

Mustard

Wilder Senf

Diese Bach-Blüte ist für Tiere, die plötzlich, ohne ersichtlichen Grund, in einen depressiven Zustand verfallen. Mustard kann diesen launischen Tieren helfen, indem es zu Ausgeglichenheit, Geduld und mehr Lebensfreude verhilft.

Für Tiere mit folgenden Verhaltensweisen und Eigenschaften

* wirken depressiv und/oder traurig
* sind lustlos und desinteressiert
* Bewegungsunlust
* sind träge
* passiv
* wirken geistig abwesend
* sind launisch
* die einzelnen Phasen können schnell wechseln
* reagieren ohne ersichtlichen Grund wechselhaft
* Appetitlosigkeit
* selbstzerstörerisches Verhalten
* Fellbeißen und Federrupfen
* Wundlecken

Mögliche körperliche Symptome

* rheumatische Erkrankungen
* Atemwegserkrankungen
* Allergien
* plötzlich auftretende akute Erkrankungen

* sehr wechselhafte Verdauung
* Kreislaufprobleme
* Lebererkrankungen
* schlaffe Körperhaltung
* Bindegewebsschwäche

Besondere Einsatzmöglichkeiten

* selbstzerstörerisches Verhalten
* Federrupfen
* Wundlecken
* Fellbeißen
* Wetterfühligkeit

Oak

Eiche

Diese Bach-Blüte ist für Tiere, die ihre Aufgabe so ernst nehmen, daß sie sich total überfordern. Sie sind unermüdlich,
pflichtbewußt und arbeiten gerne. Dabei stehen sie aber unter
starkem Leistungsdruck, der sie trotz Erschöpfung dazu an-
treibt weiterzumachen. Oak wirkt hier ausgleichend und hilft
dem erschöpften und ausgezehrten Tier wieder auf die Beine.

Für Tiere mit folgenden Verhaltensweisen und Eigenschaften

* Erschöpfung
* Überforderung
* Müdigkeit
* Kämpfernatur
* scheinen unermüdlich
* sind extrem fleißig, zuverlässig und zäh
* sind geduldig
* sind willensstark
* Mut
* sind pflichtbewußt

* arbeiten gerne
* sind ausdauernd
* überfordern sich bis zur totalen Erschöpfung
* geben nicht auf
* stehen unter ständiger Spannung
* bei Krankheit wehleidig, ungeduldig und unzufrieden

Mögliche körperliche Symptome

* Verspannungen
* Kreislaufprobleme
* Durchblutungsstörungen
* Herzrasen
* Kreislaufkollaps
* Durchfall
* Schleimhauterkrankungen
* Gelenkerkrankungen
* Muskelkater

Besondere Einsatzmöglichkeiten

* bei kräfteauszehrenden Krankheiten
* Altersbeschwerden
* Überforderung
* bei Umstellung, wenn ein Tier nicht mehr aktiv sein kann

Olive

Olive

Diese Bach-Blüte dient Tieren, die erschöpft, kraftlos und müde sind. Dieser Zustand ist oft eine Folge lang anhaltender Überforderung oder auszehrender Krankheiten. Olive unterstützt die Regeneration, so daß die Tiere wieder schnell zu Kräften kommen.

Für Tiere mit folgenden Verhaltensweisen und Eigenschaften

* total erschöpft, körperlich und geistig
* äußerste Müdigkeit
* hohes Schlafbedürfnis
* Appetitlosigkeit
* Bewegungsunlust
* sind desinteressiert
* scheinen freudlos
* wirken kraftlos

Mögliche körperliche Symptome

* schlaffe Körperhaltung
* Abmagerung
* Abwehrschwäche
* akute Infektionskrankheiten
* Kreislauferkrankungen
* Herzinsuffizienz
* Nierenerkrankungen
* Blasenerkrankungen

* Durchfall
* plötzlicher Haarausfall
* Verspannungen
* Krämpfe
* Gelenkerkrankungen
* chronische Krankheiten
* stumpfes und glanzloses Fell
* tiefliegende Augen

Besondere Einsatzmöglichkeiten

* zur Regeneration nach langen, auszehrenden Krankheiten und nach großer körperlicher Anstrengung
* nach langer Antibiotika-Therapie

Pine

Schottische Kiefer

Diese Bach-Blüte ist für Tiere, die den Eindruck vermitteln, als litten sie ständig unter einem schlechten Gewissen und Schuldgefühlen. Sie sind unsicher, verhalten sich unterwürfig und reagieren auf Kritik höchst empfindlich. Pine verhilft ihnen zu mehr Selbstvertrauen und Mut

Für Tiere mit folgenden Verhaltensweisen und Eigenschaften

* sind empfindlich
* Ängstlichkeit
* Schuldgefühle
* reagieren unterwürfig
* sind unsicher
* vertragen keinen Tadel
* sind mutlos
* scheinen oft kraftlos
* haben Angst, etwas falsch zu machen
* lassen sich leicht unterdrücken
* zucken beim kleinsten Geräusch zusammen
* sind übervorsichtig

Mögliche körperliche Symptome

* schlaffe Körperhaltung
* Abwehrschwäche
* akute Infektionskrankheiten
* Gelenkerkrankungen
* Knochenerkrankungen
* rheumatische Erkrankungen
* Gicht
* extreme Abmagerung
* chronische Bronchitis
* Hauterkrankungen
* Verhornungen

Besondere Einsatzmöglichkeit

* nach schlechten Erfahrungen mit Vorbesitzern oder anderen Tieren

Red Chestnut

Rote Kastanie

Diese Bach-Blüte ist für Tiere, die eine übertrieben fürsorgliche Haltung gegenüber einer Person oder einem anderen Tier zeigen. Die Bezugsperson oder andere Tiere werden regelrecht bemuttert. Red Chestnut kann diesen Drang lindern und verhilft zu mehr Gelassenheit und Vertrauen.

Für Tiere mit folgenden Verhaltensweisen und Eigenschaften

* übertriebener Schutztrieb
* teilweise aggressive Verteidigungshaltung
* enge Beziehung zu einem Menschen oder anderen Tieren
* sind extrem fürsorglich
* wenn alleine, dann unruhig und ängstlich
* nehmen ihre Aufgabe zu ernst
* reagieren unsicher

Mögliche körperliche Symptome

* Scheinschwangerschaft
* Übergewicht
* Atemwegserkrankungen
* rheumatische Erkrankungen
* Verstopfung
* Gefäßerkrankungen
* Hauterkrankungen
* Haarausfall

Besondere Einsatzmöglichkeiten

* Scheinschwangerschaft
* bei übereifrigen Wachhunden

Rock Rose

Gelbes Sonnenröschen

Diese Bach-Blüte ist für Tiere bestimmt, die zu panikartigem Verhalten neigen. Die damit einhergehenden Angstzustände lassen die Tiere unberechenbar reagieren. Rock Rose wirkt hier, indem es zu innerer Ruhe, Mut und Zuversicht verhilft. Rock Rose ist Bestandteil der Notfalltropfen.

Für Tiere mit folgenden Verhaltensweisen und Eigenschaften

* starke Unruhe
* große Angst
* unkontrollierte Reaktionen
* Fluchtreaktionen
* Angstbeißen
* schreien und jaulen
* Entsetzen
* Verzweiflung
* Wut
* Hoffnungslosigkeit
* erstarrte Haltung

Mögliche körperliche Symptome

* weit aufgerissene Augen
* Durchfall
* schwacher Puls
* Erbrechen
* Atemnot

* Herzrasen
* Schwitzen
* Kreislaufkollaps
* Bewußtlosigkeit
* Schaum vor dem Maul
* bei Schock Unterkühlung
* Krämpfe
* Verspannungen
* Lähmungen
* Taubheit

Besondere Einsatzmöglichkeiten

* Unfälle jeglicher Art
* lebensbedrohliche Situationen
* panikartige Zustände
* Sonnenstich
* Hitzschlag
* Gewitterangst
* für Neugeborene nach schweren Geburten

Rock Water

Wasser aus Heilquellen

Diese Essenz ist für Tiere geeignet, die diszipliniert ihren Gewohnheiten und Aufgaben fast perfektionistisch nachgehen und dabei ihre eigenen Bedürfnisse vernachlässigen. Rock Water entkrampft dieses starre Verhalten und führt zu mehr Flexibilität, Gelassenheit und innerer Ruhe.

Für Tiere mit folgenden Verhaltensweisen und Eigenschaften

* Unnachgiebigkeit
* mangelnde Flexibilität
* Perfektionismus
* Verbissenheit
* sind diszipliniert
* leiden unter innerer Anspannung
* scheuen Veränderungen
* wollen übertriebene Selbstkontrolle
* unterdrücken eigene Bedürfnisse
* sind streng mit sich selbst
* sind freudlos
* scheinen hartherzig
* wirken einsam und verbittert
* lassen sich teilweise nicht gerne anfassen

Mögliche körperliche Symptome

* erstarrte Haltung
* Krämpfe
* Verspannungen
* Nierenerkrankungen
* Nierensteine
* rheumatische Erkrankungen
* Gefäßerkrankungen
* Gelenkerkrankungen
* Steifheit
* Verstopfung
* Magen- und Darmkrämpfe
* Hustenkrampf
* stumpfes und struppiges Fell
* Fruchtbarkeitsstörungen beim weiblichen Tier

Besondere Einsatzmöglichkeit

* Krämpfe aller Art

Scleranthus

Einjähriger Knäuel

Diese Bach-Blüte ist für Tiere geeignet, die sehr launisch sind und unausgeglichen wirken. Ihnen fehlt die innere Ruhe. Sie erleben extreme Stimmungsschwankungen von einem Moment zum nächsten und können sich nur schwer entscheiden. Scleranthus kann hier helfen und unterstützt innere Ruhe, Ausgeglichenheit und Entschlossenheit.

Für Tiere mit folgenden Verhaltensweisen und Eigenschaften

* Unausgeglichenheit
* Unentschlossenheit
* reagieren zögerlich
* sind launisch
* wirken unkonzentriert
* reagieren unsicher
* sind unzuverlässig, folgen nicht
* zeigen nächtliche Unruhe
* sind sehr wechselhaft
* haben kein Durchhaltevermögen
* können sich nicht entscheiden
* sind oft nicht gegenwärtig
* Appetitschwankungen

Mögliche körperliche Symptome

* auch auf der körperlichen Ebene sind die Erscheinungen sehr wechselhaft
* Gleichgewichtsstörungen
* Verdauungsprobleme, Wechsel zwischen Verstopfung und Durchfall
* Hauterkrankungen
* Ekzeme
* Warzen
* Juckreiz
* Atemwegserkrankungen
* Schnupfen
* Kreislaufprobleme
* Allergien
* Fruchtbarkeitsstörungen bei weiblichen Tieren
* schlecht heilende Wunden

Besondere Einsatzmöglichkeiten

* Reisekrankheit
* Wetterfühligkeit

Star of Bethlehem

Doldiger Milchstern

Diese Bach-Blüte richtet sich an Tiere, die ein unangenehmes Erlebnis noch nicht verkraftet haben. Star of Bethlehem, auch als Seelentröster bezeichnet, hilft den Tieren, ein psychisches und/oder körperliches Schockerlebnis und seine Folgen zu verarbeiten. Sie stellt das innere Gleichgewicht wieder her und ist Bestandteil der Notfalltropfen.

Für Tiere mit folgenden Verhaltensweisen und Eigenschaften

* wirken bedrückt und niedergeschlagen
* sind traurig
* reagieren lustlos
* scheinen desinteressiert
* sind nicht ganz da
* wirken angespannt
* Ängstlichkeit
* Nervosität
* sind unkonzentriert
* sind depressiv

Mögliche körperliche Symptome

* Magenerkrankungen
* Verletzungen
* Brüche
* Quetschungen
* Kreislaufbeschwerden

* Herzerkrankungen
* starker Haarausfall
* Gallenprobleme
* Verspannungen
* Sehprobleme
* Hörprobleme
* Schluckbeschwerden

Besondere Einsatzmöglichkeiten

* nach Verlust vertrauter Personen oder Tiere
* bei Unfällen
* nach sehr schmerzhaften Erlebnissen

Sweet Chestnut

Eßkastanie oder Edelkastanie

Diese Bach-Blüte kräftigt Tiere, die an der Grenze ihrer Belastbarkeit stehen. Eine Situation hat ihnen sämtliche Kräfte geraubt. Sie sind erschöpft, verzweifelt und hoffnungslos. Sweet Chestnut kann hier Abhilfe bringen und schenkt den Tieren gleichzeitig Kraft und Durchhaltevermögen.

Für Tiere mit folgenden Verhaltensweisen und Eigenschaften

* Angst
* tiefe Niedergeschlagenheit
* extreme innere Unruhe
* Appetitlosigkeit
* sind traurig
* Erschöpfung
* wirken desinteressiert
* ziehen sich zurück
* Verzweiflung
* Hilflosigkeit
* Hoffnungslosigkeit
* mangelnde Flexibilität

Mögliche körperliche Symptome

* Abwehrschwäche
* schlaffe Körperhaltung
* glanzlose Augen
* Verdauungsprobleme
* Durchfall

* Husten
* akute Infektionen
* Verletzungen
* starke Schmerzen
* Verspannungen
* kraftlos
* stumpfes Fell
* Nierenerkrankungen

Besondere Einsatzmöglichkeiten

* nach langen, kräftezehrenden Erkrankungen
* extreme Haltungsbedingungen

Vervain

Eisenkraut

Diese Bach-Blüte ist für Tiere, die sich selbst mit ihrem über-
triebenen Eifer und ihrem energischen Vorgehen überfordern.
Ihr starker Wille und ihre Dickköpfigkeit treiben sie immer
weiter bis zur Ermüdung. Vervain kann bei diesem übertriebe-
nen Enthusiasmus helfen und ermöglicht es den Tieren, zu
entspannen.

Für Tiere mit folgenden Verhaltensweisen und Eigenschaften

* sind willensstark
* sind dominant
* sehr aktiv
* nicht zu bremsen
* reagieren impulsiv
* sind dickköpfig
* können energisch ihren Willen einfordern
* sind mutig
* sind empfindlich
* reagieren schnell gereizt bis aggressiv
* sind unruhig
* werden schnell müde
* wollen immer die Besten sein
* verbissen

Mögliche körperliche Symptome

* Verspannungen
* Krämpfe
* Verdauungsprobleme
* Verstopfung
* Magen- und Darmkrämpfe
* Gelenkerkrankungen
* Haltungsprobleme
* chronische Krankheiten
* Herzprobleme
* Kreislauferkrankungen
* Verletzungen
* Verstauchungen
* Prellungen

Besondere Einsatzmöglichkeit

* zur Geburtsvorbereitung

Vine

Weinrebe

Diese Bach-Blüte ist für Tiere, die regelrecht machthungrig sind, sich nichts sagen lassen und sich schon gar nicht unterordnen wollen. Mit allen Mitteln versuchen sie, die Führung zu übernehmen und ihren Kopf durchzusetzen. Vine kann dieses tyrannische Verhalten verändern und führt zu mehr Rücksichtnahme und der Bereitschaft, sich dem Menschen unterzuordnen.

Für Tiere mit folgenden Verhaltensweisen und Eigenschaften

* Herrschsucht
* versuchen, überall zu dominieren
* schikanieren und tyrannisieren ihren Halter
* ehrgeizig
* fordernd, teilweise sogar aufdringlich
* egoistisch bis rücksichtslos
* stolz
* selbstsicher
* überheblich

* wollen sich nicht unterordnen
* lernunwillig
* mangelnde Flexibilität
* Widerspenstigkeit, gehorchen nicht
* Grausamkeit
* Aggressivität, Gewalttätigkeit

Mögliche körperliche Symptome

* Verspannungen
* Gelenkerkrankungen
* Steifheit
* Kreislaufprobleme
* Gefäßerkrankungen
* Verstopfung
* Tumore
* Herzprobleme
* Nierenerkrankungen
* schwere chronische Krankheiten
* Übergewicht

Besondere Einsatzmöglichkeiten

* schwere chronische Erkrankungen
* Machtprobleme zwischen Tierhalter und Tier

Walnut

Walnuß

Diese Bach-Blüte ist für Tiere, die mit jeder Art von Veränderung Schwierigkeiten haben. Sie sind unsicher und scheinen Angst vor Veränderungen zu haben. Walnut hilft ihnen, diese Angst zu überwinden, gibt ihnen Mut und erleichtert die bevorstehende Umstellung.

Für Tiere mit folgenden Verhaltensweisen und Eigenschaften

* Mangel an Flexibilität
* Starrheit
* Angst vor Neuem
* empfindlich
* leicht erregbar
* kraftlos
* träge
* lustlos
* vorsichtig
* mutlos
* Verzweiflung
* pessimistisch
* Unsicherheit

Mögliche körperliche Symptome

* Gelenkerkrankungen
* Steifheit
* starre Körperhaltung

* Abwehrschwäche
* akute Infektionskrankheiten
* chronische Verstopfung
* Bindegewebsschwäche
* stumpfes Fell
* schwacher Körperbau
* Abmagerung
* Atemwegserkrankungen
* Hauterkrankungen
* Ekzeme

Besondere Einsatzmöglichkeiten

* bei allen größeren Veränderungen
* Sterbehilfe
* Zahnen
* Schwangerschaft
* Geburt
* Ortswechsel
* Besitzerwechsel

Water Violet

Sumpfwasserfeder

Diese Bach-Blüte ist für Tiere, die sich gerne absondern, Kontakte vermeiden und einen unnahbaren und überlegenen Eindruck machen. Trotz ihrer Begabung und Geschicklichkeit verbergen Tiere hinter diesem Verhalten oft ihre tiefsitzende Unsicherheit. Water Violet hilft den Tieren, Nähe zuzulassen, spendet Mut und Vertrauen.

Für Tiere mit folgenden Verhaltensweisen und Eigenschaften

* Einzelgänger
* sondern sich ab
* ziehen sich zurück
* meiden Kontakte
* berührungsscheu
* mangelndes Vertrauen
* unnahbar
* verschlossen
* einsam
* auch bei Krankheit lieber allein
* ruhig
* stolz
* unsicher
* begabt
* intelligent
* geschickt
* aktiv

Mögliche körperliche Symptome

* Hauterkrankungen
* Ekzeme
* Verhornungen
* starre Körperhaltung
* Gelenkerkrankungen
* rheumatische Erkrankungen
* Atemwegserkrankungen
* Schnupfen
* Nierenerkrankungen
* Abwehrschwäche

Besondere Einsatzmöglichkeit

* Einzelgängertum
* Isolation

White Chestnut

Roßkastanie oder Weiße Kastanie

Diese Bach-Blüte ist für Tiere, die innerlich so sehr mit sich beschäftigt sind, daß sie immer leicht abwesend wirken. Sie machen einen zerstreuten Eindruck, haben Konzentrationsschwierigkeiten und sind unruhig. White Chestnut hilft ihnen beim Loslassen und läßt sie geistig ganz anwesend sein.

Für Tiere mit folgenden Verhaltensweisen und Eigenschaften

* Konzentrationsschwierigkeiten
* geistig abwesend
* scheinen sehr nachdenklich
* Zerstreutheit
* bekommen nichts aus ihrer Umgebung mit
* Unausgeglichenheit
* Unruhe
* Unaufmerksamkeit
* reagieren nicht
* sind langsam
* leiden unter chronischer Müdigkeit
* Vergeßlichkeit
* sind abgelenkt
* scheinen zu träumen

Mögliche körperliche Symptome

* Zahnerkrankungen
* Verspannungen
* Verkrampfungen
* rheumatische Erkrankungen
* Kreislauferkrankungen
* Herzprobleme
* Verdauungsprobleme
* Bindegewebsschwäche
* schlaffe Körperhaltung
* chronische Krankheiten
* ständig wiederkehrende Krankheiten
* häufige Verletzungen
* Prellungen
* Verstauchungen
* stumpfes Fell

Besondere Einsatzmöglichkeiten

* Zähneknirschen
* Weben

Wild Oat

Waldtrespe

Diese Bach-Blüte ist für Tiere, die den Eindruck vermitteln, als ob sie nicht wüßten, was sie wollen. Sie sind intelligent, begabt und interessiert, es fehlt ihnen aber an Durchhaltevermögen. Wild Oat kann die Langeweile und Unzufriedenheit vertreiben und erzeugt innere Klarheit und Entschlossenheit.

Für Tiere mit folgenden Verhaltensweisen und Eigenschaften

* kein Durchhaltevermögen
* schnell desinteressiert
* Unentschlossenheit
* Unzufriedenheit
* Zweifel
* Ziellosigkeit
* wirken gelangweilt
* Intelligenz
* Begabung
* lernfähig
* Ehrgeiz
* launisch
* Resignation
* gestörtes Sexualverhalten
* Gleichgültigkeit
* Unkonzentriertheit
* Appetitlosigkeit
* Zerstörungstrieb

Mögliche körperliche Symptome

* Übergewicht
* Verletzungen
* Prellungen
* Verstauchungen
* Zerrungen
* chronische Erkrankungen
* schlecht heilende Wunden
* Verdauungsprobleme
* wechselhafte Verdauung
* Kreislauferkrankungen
* akute Infektionskrankheiten

Besondere Einsatzmöglichkeiten

* Neugeborene nach Kaiserschnitt oder schweren Geburten
* wenn keine andere Therapie anspricht

Wild Rose

Heckenrose

Diese Bach-Blüte ist für Tiere, die vorübergehend oder auch über einen längeren Zeitraum keinen Lebenswillen mehr zu haben scheinen. Sie resignieren, sind motivationslos, depressiv und haben keine Energie mehr. Wild Rose gibt den Tieren wieder Mut und Kraft und unterstützt Lebenslust und Freude.

Für Tiere mit folgenden Verhaltensweisen und Eigenschaften

* Resignation
* kein Lebenswille
* Desinteresse
* depressiv
* teilnahmslos
* motivationslos
* Trägheit
* Bewegungsunlust
* Müdigkeit
* Langeweile
* Passivität
* Appetitlosigkeit
* Mutlosigkeit
* Traurigkeit
* Kraftlosigkeit
* Sanftheit
* verhalten sich zu ruhig

Mögliche körperliche Symptome

* Abwehrschwäche
* Abmagerung
* schlaffe Körperhaltung
* Stoffwechselstörungen
* Kreislauferkrankungen
* Herzerkrankungen
* Verdauungsbeschwerden
* akute Infektionskrankheiten
* Bindegewebsschwäche
* stumpfes Fell

Besondere Einsatzmöglichkeiten

* chronische Krankheiten, die bereits über längere Zeiträume anhalten
* hoffnungslose Zustände

Willow

Gelbe Weide

Diese Bach-Blüte ist für Tiere, die immer wieder schlecht ge-
launt sind. Sie sind unzufrieden, fühlen sich als Opfer, sind
leicht beleidigt und meckern vor sich hin. Willow kann hier zu
einer optimistischen Einstellung verhelfen.

Für Tiere mit folgenden Verhaltensweisen und Eigenschaften

* Verbitterung
* Aufsässigkeit
* Mißtrauen
* ständig schlechte Laune, Brummigkeit
* nachtragend
* Unbelehrbarkeit
* Feindseligkeit und Aggressivität
* Unruhe
* Trotz und Widerstand
* Opferhaltung
* geben leicht auf
* sind leicht beleidigt

Mögliche körperliche Symptome

* Arthritis, Rheuma
* Altersbeschwerden
* Geschwüre und Krebs (Magengeschwüre)
* Herzprobleme
* Darm- und Lebererkrankungen
* Nierenprobleme
* Abszesse, Furunkel
* Schuppenflechte
* unangenehm riechende (stinkende) Ausdünstungen

Besondere Einsatzmöglichkeiten

* für Tiere, die aus dem Tierheim kommen
* bei Besitzerwechsel mit schlechten Erfahrungen
* für mißhandelte Tiere

Rescue

Notfalltropfen

Die Notfalltropfen können in vielfältigen akuten Krisensituationen schnelle Hilfe bieten. Sie bestehen aus einer bewährten Mischung der folgenden fünf Bach-Blütenessenzen:

Cherry Plum

Hilft bei Streßsituationen, bei großem inneren Druck, großer Angst und Verzweiflung.

Clematis

Clematis hilft, bei Bewußtsein zu bleiben, und bewahrt vor Ohnmächtigkeit.

Impatiens

Impatiens führt zu Gelassenheit und innerer Ruhe und verhindert Überreaktionen.

Rock Rose

Rock Rose hilft bei Panikzuständen mit großer Verzweiflung und spendet Zuversicht und Mut.

Der „Seelentröster" hilft bei körperlichen und psychischen Schockzuständen und stellt das innere Gleichgewicht wieder her.

Die Rescue-Tropfen haben sich in zahlreichen Fällen bewährt. Wie der Name schon sagt, entfaltet diese Mischung ihre volle Wirkung bei allen Notfällen und extremen Belastungssituationen für Mensch und Tier. Das können psychische wie auch körperliche Belastungen sein:

* nach Unfällen
* bei Verletzungen
* vor und nach Operationen
* nach Beißereien
* für Mutter und Neugeborenes vor und nach der Geburt
* bei allergischen Reaktionen
* gegen Insektenstiche
* bei Schock
* bei epileptischen Anfällen
* als Sterbehilfe
* bei Hitzschlag oder Sonnenstich
* bei Bewußtlosigkeit
* bei Vergiftungen

Wie Sie sehen, ist Rescue vielfältig einsetzbar, weshalb es zu empfehlen ist, immer ein Fläschchen dabei zu haben.

Auch wenn bei Notfällen ein Tierheilkundiger zu Rate gezogen werden sollte, vermag die sofortige Verabreichung von Rescue regelrechte Wunder zu bewirken. Es hat sich gezeigt, daß die psychischen wie körperlichen Folgen solcher Notfälle mit Hilfe von Rescue-Tropfen wesentlich gedämpft werden können. Auch Heilung und Genesung verlaufen schneller und komplikationsloser.

Hüten Sie sich bitte vor einer Verharmlosung von seelischen Notfällen. Obwohl äußerlich vielleicht weniger dramatisch, bedürfen diese oft noch dringender einer sofortigen Zuwendung als manch andere Notfallsituationen.

Dosierung der Rescue-Tropfen

In ganz akuten Notfällen wie Schock oder schweren lebensbedrohenden Situationen geben Sie drei bis fünf Tropfen Rescue alle fünf bis zehn Minuten in das Maul des Tieres. Später oder bei weniger extremen Situationen verlängern Sie die Abstände. Die Zubereitung der Rescue-Tropfen können Sie im Kapitel „Die Anwendung der Bach-Blütentherapie" ab Seite 34 nachlesen. Wenn Sie keine vorbereitete Flasche zur Hand haben, können sie direkt zwei Tropfen aus der Stockbottle verabreichen.

Rescue-Salbe

Zusammen mit Crab Apple gibt es Rescue auch als Salbe, die sich für äußere Anwendungen ebenfalls sehr bewährt hat. Auch hier gibt es viele Einsatzmöglichkeiten:

* Verstauchungen
* Prellungen
* Schnittverletzungen
* Insektenstiche
* Schürfwunden
* Verbrennungen
* Bißwunden

Bitte beachten Sie, daß Rescue-Tropfen und Rescue-Salbe für die Notfalltherapie gedacht und nicht für eine Daueranwendung geeignet sind. Dafür sollten Sie eine den Verhaltensweisen und Charaktereigenschaften des Tieres entsprechende Bach-Blüte auswählen.

Rescue kann in vielen Notfällen Erstaunliches bewirken und hat schon so manche Weiterbehandlung überflüssig gemacht. Allerdings ist das für den Laien nicht immer erkennbar. Im Zweifelsfall sollten Sie also einen Tierheilkundigen aufsuchen.

Symptom-Verzeichnis

I m folgenden Verzeichnis finden Sie körperliche Symptome, Gemütssymptome, Charaktereigenschaften und Verhaltensweisen alphabetisch sortiert. Ihnen zugeordnet sind die Bach-Blüten, die jeweils Abhilfe bringen können.

Bedenken Sie, daß eine Disharmonie auf Gemütsebene praktisch immer die Ursache für körperliche Symptome ist. Verdauungsstörungen z.B. begleiten so manche Disharmonie, weshalb man nicht sagen kann, daß dieses oder jenes körperliche Symptom eindeutig auf eine bestimmte Gemütsverfassung zurückzuführen ist.

Aus diesem Grunde lassen sich den meisten aufgelisteten Symptomen mehrere Bach-Blüten zuordnen. Möglicherweise ist für den ein oder anderen Fall auch eine ganz andere Bach-Blüte erforderlich, als beim entsprechenden Symptom angegeben ist.

Dieses Register erhebt keinen Anspruch auf Vollständigkeit, sondern versteht sich vielmehr als Orientierungshilfe bei der Suche nach der richtigen Bach-Blüte.

Suchen Sie in diesem Register nach dem Symptom, der Verhaltensweise oder der Charaktereigenschaft, aufgrund deren Sie die Bach-Blüten verabreichen wollen. Jetzt lesen Sie die Beschreibungen der zugeordneten Bach-Blüten nach und wählen dann diejenige aus, die in ihrer Gesamtheit am ehesten zutrifft. Bei der Auswahl haben die Verhaltensweisen und Charaktereigenschaften Vorrang. Deshalb sollte vor allem die kurze Beschreibung ganz zu Anfang der jeweiligen Bach-Blüten zutreffen.

A

Abführmittel: Honeysuckle

Abhängigkeit: Cerato

Ablenkbarkeit: Agrimony * White Chestnut

Abmagerung: Olive * Pine * Walnut * Wild Rose

Abszesse: Willow * Agrimony * Impatiens

Abwehrschwäche: Centaury * Clematis * Crab Apple * Gentian * Gorse * Larch * Mimulus * Olive * Pine * Sweet Chestnut * Walnut * Water Violet * Wild Rose

Abwehrsteigerung, (sh. auch Abwehrschwäche): Clematis

Abwesenheit: Mustard * Clematis

Aggressionen: Beech * Cherry Plum * Holly * Impatiens * Red Chestnut * Vervain * Vine * Willow

Allergien: Beech * Crab Apple * Holly * Hornbeam Impatiens * Mimulus * Mustard *Rescue * Scleranthus

Alpträume: Aspen

Altersbeschwerden: Oak * Willow

Alterserscheinungen: Heather

Angst: Aspen * Cherry Plum * Mimulus * Rock Rose * Sweet Chestnut

Angst, etwas falsch zu machen: Pine

Angst in bestimmten Räumen oder Gegenden: Aspen

Angst vor bestimmten Situationen, bestimmten Dingen, Menschen, Tieren: Mimulus

Angst vor dem Alleinsein: Cerato

Angst vor Dunkelheit: Aspen

Angst vor Neuem: Walnut

Angst vor neuen Situationen: Larch

Angst vor unsichtbaren Kräften (Die Tiere fürchten sich vor etwas scheinbar Gegenwärtigem, was aber nicht zu sehen ist): Aspen

Angst, große: Rock Rose

Angst, plötzlich auftretende inmitten einer Gruppe (Menschen, Tiere): Aspen

Angst, übertriebene: Cherry Plum

Angst, unbewußte, undefinierbare: Aspen

Angstbeißen: Aspen * Cherry Plum * Holly * Rock Rose

Ängstlichkeit: Centaury * Cerato * Mimulus * Pine * Star of Bethlehem

Anhänglichkeit: Heather

Anpassungsschwierigkeiten: Beech * Larch

Anspannung: Mimulus * Star of Bethlehem

Anspannung, innere: Impatiens * Rock Water

Antriebslosigkeit: Gorse

Antriebsschwäche: Clematis * Hornbeam

Apathie: Clematis * Gentian * Gorse * Honeysuckle Hornbeam * Olive * Star of Bethlehem * Sweet Chestnut * Wild Rose

Appetitlosigkeit: Centaury * Gorse * Honeysuckle * Hornbeam * Mustard * Olive * Sweet Chestnut * Wild Oat * Wild Rose

Appetitschwankungen: Scleranthus

Arroganz: Beech

Arthritis (sh. Gelenkentzündung)

Arthrose (sh. Gelenkentzündung)

Asthma (sh. auch Allergie): Cherry Plum * Chestnut Bud * Chicory * Crab Apple

Atemnot: Rock Rose

Atemwegserkrankungen: Centaury * Chestnut Bud * Heather * Holly * Honeysuckle * Hornbeam * Larch Mustard * Red Chesnut * Scleranthus * Walnut * Water Violet

Aufdringlichkeit: Chicory * Heather * Vine

Aufsässigkeit: Willow

Augen, glanzlos: Sweet Chestnut

Augen, groß aufgerissen: Rock Rose

Augen, tiefliegend: Olive * Gorse

Augen, tränende:Hornbeam

Augenerkrankungen: Agrimony * Centaury

Ausdünstungen, unangenehm riechend: Gorse * Willow

Ausschlag (sh. auch Allergie, Hauterkrankungen): Elm

B

Bandscheibenvorfall: Agrimony

Bedrückt-Sein: Star of Bethlehem

Beißereien: Rescue

belästigend: Heather

beleidigt: Willow

Berührungsempfindlichkeit: Rock Water

Berührungsscheu: Water Violet

Besitzerfixierung: Centaury

besitzergreifend: Chicory

Besitzerwechsel: Gentian * Honeysuckle * Rescue Star of Bethlehem * Walnut

Bewegungsapparat (sh. auch Gelenkerkrankungen): Chestnut Bud * Heather

Bewegungsunlust: Mustard * Olive * Wild Rose

Bewußtlosigkeit: Clematis * Rock Rose * Rescue

Bindegewebsschwäche: Hornbeam * Larch * Mustard * Walnut * White Chestnut * Wild Rose

Bißwunden: Rescue

Blasenbeschwerden: Aspen * Mimulus

Blasenerkrankungen: Aspen * Centaury * Crab Apple * Heather * Impatiens * Olive

Blindheit: Chestnut Bud

Blutarmut: Centaury

Bronchitis (sh. auch Atemwegserkrankungen): Pine

Brüche: Star of Bethlehem

C

cholerisch: Holly

chronische Erkrankungen mit Neigung zu Rückfällen: Chestnut Bud

D

Dämpfigkeit bei Pferden: Chestnut Bud

Darmerkrankungen: Chestnut Bud * Chicory * Impatiens * Willow

Darmkrämpfe: Rock Water * Vervain

Deckaktprobleme: Aspen * Chestnut Bud * Scleranthus * Walnut

Depression: Cherry Plum * Clematis * Elm * Gentian * Gorse * Mustard * Star of Bethlehem * Wild Rose

Desinteresse: Clematis * Honeysuckle * Mustard * Olive * Star of Bethlehem * Sweet Chestnut * Wild Oat * Wild Rose

Dickköpfigkeit: Beech * Vervain

dominant: Vervain * Vine

dösen viel: Honeysuckle

Dünndarmentzündung (sh.a. Darmerkrankungen): Aspen

Durchblutungsstörungen: Oak

Durchfall: Aspen * Agrimony * Crab Apple * Elm * Impatiens Mimulus * Oak * Olive * Rock Rose * Sweet Chestnut

Durchhaltevermögen, mangelndes: Wild Oat

E

Egoismus: Chicory * Heather * Vine

Ehrgeiz: Vervain * Vine * Wild Oat

Eifersucht: Holly

Einsamkeit: Rock Water * Water Violet

Einzelgänger: Impatiens * Mimulus * Water Violet

Ekel vor den eigenen Ausscheidungen und Ausdünstungen und eigenem Körper: Crab Apple

Ekzeme: Clematis * Crab Apple * Elm * Heather * Holly * Impatiens * Scleranthus * Walnut * Water Violet

empfindlich: Clematis * Impatiens * Pine * Vervain * Walnut

empfindsam: Agrimony

energisch: Vervain

Entgiftung: Agrimony * Chicory * Clematis * Crab Apple

Entmutigung: Gentian

Entschlackung: Chicory * Clematis * Crab Apple

Entsetzen: Rock Rose

Entwicklungsstörungen: Cerato * Chicory

Entwurmung: Centaury

Entzündung (sh. auch Infektionskrankheiten): Aspen * Holly

Epilepsie: Cherry Plum

epileptische Anfälle: Rescue

Erbrechen (sh. auch Magenerkrankungen): Aspen * Elm * Rock Rose

Erkältungen (sh. Infektionskrankheiten)

Ermüdung, schnelle: Centaury * Elm

Erschöpfung: Centaury * Elm * Gorse * Hornbeam * Impatiens * Oak * Olive * Sweet Chestnut * Vervain

Erstarrung: Rock Rose * Rock Water

F

Federrupfen: Beech * Mustard

feige: Larch

feindselig: Holly * Willow

Fell, stumpf: Crab Apple * Gorse * Olive * Rock Water * Sweet Chestnut * Walnut * White Chestnut * Wild Rose

Fellbeißen: Beech * Mustard

Fieber (sh. auch Infektionskrankheiten): Aspen * Crab Apple * Holly * Larch * Olive * Walnut

Flexibilität, mangelnde: Honeysuckle * Larch * Rock Water * Sweet Chestnut * Vine * Walnut

Flohbefall: Crab Apple

Fluchtreaktionen: Rock Rose

fordernd: Chicory * Vine

freudlos: Olive * Rock Water

Fruchtbarkeitsstörungen: Rock Water * Scleranthus

Frühjahrsentschlackung (sh. auch Entschlackung): Centaury

Furcht (sh. Angst)

fürsorglich: Chicory * Red Chestnut

Furunkel: Agrimony *Centaury * Crab Apple * Willow

G

Gallenerkrankungen: Crab Apple * Holly * Impatiens * Star of Bethlehem

Gallensteine: Chicory

Gebärmutterentzündung: Chicory

Geburt, vorher und nachher: Rescue
Geburtsschwierigkeiten: Chestnut Bud

Geburtsvorbereitung: Elm * Vervain * Walnut

Gefäßerkrankungen: Chestnut Bud * Red Chestnut * Rock Water * Vine

Gehirnerkrankungen: Cherry Plum

geistesabwesend: Clematis * Mustard * White Chestnut

Gelbsucht (sh. auch Lebererkrankungen): Agrimony

Gelenkerkrankungen: Beech * Chicory * Heather * Hornbeam * Oak * Pine * Rock Water * Vervain * Vine * Walnut * Water Violet * Willow

Geschlechtsorgane, Erkrankungen: Chicory

Geschlechtsorgane, männlich: Clematis

Geschwüre: Agrimony * Elm * Willow

gewalttätig (sh. auch Aggressionen): Holly * Vine

Gewitterangst (sh. auch Ängste): Rock Rose

Gicht: Aspen * Elm * Pine

Gleichgewichtsstörungen: Scleranthus

Gleichgültigkeit (sh. auch Desinteresse): Wild Oat

Gliederschmerzen: Agrimony

Grausamkeit: Vine

H

Haarausfall: Olive * Red Chestnut * Star of Bethlehem

Haltungsprobleme: Vervain

Hämorrhoiden: Aspen * Chestnut Bud

Harmoniebedürfnis: Agrimony

hartherzig: Chicory * Rock Water

Haß: Willow

Hauterkrankungen: Agrimony * Beech * Clematis * Crab Apple * Elm * Heather * Impatiens * Mimulus * Pine * Red Chestnut * Scleranthus * Walnut * Water Violet

Hautpilz (sh. auch Hauterkrankungen): Impatiens

Heimweh (Urlaub): Cerato

hektisch: Impatiens

Herbstgrasmilbenbefall: Crab Apple

Herrschsucht: Chicory * Vine

Herzbeschwerden: Aspen * Clematis * Gentian * Heather * Honeysuckle * Olive * Star of Bethlehem * Vervain * Vine * White Chestnut * Wild Rose * Willow

Herzrasen: Elm * Impatiens * Oak * Rock Rose

Heulen: Honeysuckle

Hilflosigkeit: Sweet Chestnut

Hitzschlag: Rock Rose * Rescue

Hoffnungslosigkeit: Gentian * Gorse * Rock Rose * Sweet Chestnut

Hörprobleme: Chestnut Bud * Clematis * Heather * Star of Bethlehem

Husten: Crab Apple * Holly * Sweet Chestnut

Hustenkrampf: Cherry Plum * Rock Water

Hysterie: Cherry Plum

I

Immunsystem (sh. Abwehrschwäche)

Impotenz: Larch

Impulsivität: Impatiens * Vervain

Infektionen: Clematis * Crab Apple * Gentian * Holly * Larch * Mimulus * Olive * Pine * Sweet Chestnut * Walnut * Wild Oat * Wild Rose

Insektenstiche: Rescue

Interesselosigkeit (sh. Desinteresse)

Intoleranz: Beech

J

Jähzorn: Holly

Jammern: Honeysuckle

Jaulen: Heather * Rock Rose

Juckreiz: Crab Apple * Heather * Holly * Impatiens * Scleranthus

K

Kämpfernatur: Oak

Kläffen: Chicory * Heather

Knochenerkrankungen: Pine

Koliken (sh.a. Darmerkrankungen): Impatiens * Rock Water

konfliktscheu: Larch

Kontaktschwierigkeiten: Beech

Konzentrationsschwierigkeiten: Centaury * Chestnut Bud * Elm * Hornbeam * White Chestnut

Kopfschmerzen: Elm

Körperbau, schwach: Larch * Walnut

Körperhaltung, schlaff: Olive * Pine * Sweet Chestnut * White Chestnut * Wild Rose

Körperhaltung, starr: Walnut * Water Violet

kraftlos: Clematis * Gentian * Gorse * Olive * Pine * Sweet Chestnut * Walnut * Wild Rose

Krampfadern: Chestnut Bud

Krämpfe: Chestnut Bud * Holly * Impatiens * Olive * Rock Rose * Rock Water * Vervain

Krankheiten, chronische: Gorse * Olive * Vervain * Vine * White Chestnut

Krankheitsanfälligkeit: Crab Apple

Krätze (sh. auch Juckreiz): Agrimony * Clematis

Krebs (sh. auch Tumore,Geschwüre): Willow

Kreislauferkrankungen: Chestnut Bud * Clematis * Gentian * Larch * Olive * Star of Bethlehem * Vervain * White Chestnut * Wild Oat * Wild Rose

Kreislaufkollaps: Oak * Rock Rose

Kreislaufprobleme (sh. auch Kreislauferkrankungen): Elm * Honeysuckle * Impatiens * Mustard * Oak * Scleranthus * Vine

L

Lähmungen: Rock Rose

Langeweile: Gorse * Wild Rose

langsam: Clematis * White Chestnut

lärmempfindlich: Beech

launisch: Mustard * Scleranthus * Wild Oat

Läuse: Crab Apple

Lebensveränderungen, extreme: Gentian

Lebenswille, schwacher: Wild Rose

Lebererkrankungen: Agrimony * Aspen * Centaury * Chicory * Crab Apple * Honeysuckle * Impatiens * Mustard Willow

Leibschmerzen: Agrimony

Lernschwierigkeiten: Chestnut Bud * Larch * Vine

Lungenerkrankungen (sh.a. Atemwegserkrankungen): Elm

lustlos: Elm * Gorse * Mustard * Star of Bethlehem * Walnut

M

Magenerkrankungen: Chestnut Bud * Chicory * Impatiens * Star of Bethlehem

Magengeschwüre: Willow
Magenkrämpfe: Centaury * Rock Water * Vervain

Mammatumore: Chicory

Migräne: Chestnut Bud

Milzprobleme: Agrimony

Mißachtung: Holly

Mißhandlung: Aspen

mißtrauisch: Cerato * Gentian * Holly * Willow

motivationslos (sh.a. lustlos): Elm * Honeysuckle * Wild Rose

Müdigkeit: Elm * Hornbeam * Oak * Olive * Sweet Chestnut * White Chestnut * Wild Rose
Muskelkater: Oak

Muskelkrämpfe (sh. auch Krämpfe): Agrimony * Cherry Plum * Hornbeam * Impatiens

mutlos (sh. auch Angst): Gorse * Pine * Walnut * Wild Rose

N

Nachbehandlung, nach Operationen und Verletzungen: Mimulus

nachgiebig: Centaury

nachtragend: Chicory * Willow

Nackenhaare, hochgestellte: Aspen

Naivität: Cerato * Chestnut Bud

Narbenverheilung: Honeysuckle

Neid: Holly

nervend: Heather

Nervosität: Aspen * Elm * Impatiens * Mimulus * Scleranthus * Star of Bethlehem

Niedergeschlagenheit: Star of Bethlehem * Sweet Chestnut

Nierenerkrankungen: Crab Apple * Gentian * Heather * Honeysuckle * Olive * Rock Water * Sweet Chestnut * Vine * Water Violet * Willow

Nierensteine: Rock Water

Notfälle: Rescue * Rock Rose

O

Ödeme: Cerato

Operationen, vor und nach: Rescue

Opferhaltung: Willow

Ortswechsel: Honeysuckle * Walnut

P

Panik: Honeysuckle * Rock Rose

Parasitenbefall: Crab Apple

Passivität: Centaury * Clematis * Gorse * Honeysuckle * Larch * Mustard * Wild Rose

Perfektionismus: Rock Water

pessimistisch: Beech * Gorse * Walnut

Pilzbefall: Crab Apple

Prellungen: Rescue * Vervain * White Chestnut * Wild Oat

Prostataentzündungen: Aspen

Protestkoten: Heather

Protestpinkeln: Beech * Heather

Puls, schwach (sh. auch Kreislauferkrankungen): Rock Rose

Q

Quetschungen (sh. auch Verletzungen): Star of Bethlehem

R

Regeneration: Olive

Reinigungsbedürfnis, ausgeprägt, übertrieben: Crab Apple

Reisekrankheit: Aspen * Scleranthus

reizbar: Impatiens * Walnut

Resignation: Gorse * Wild Oat * Wild Rose

rheumatische Erkrankungen: Aspen * Chestnut Bud * Elm
* Heather * Hornbeam * Mustard * Pine * Red Chestnut
* Rock Water * White Chestnut * Willow

Rolligkeit: Oak

Rückfälle nach Krankheiten: Gentian

rücksichtslos: Chicory * Heather * Vine

Ruhelosigkeit: Chestnut Bud

S

Schaum vor dem Maul: Rock Rose

Scheinschwangerschaft: Red Chestnut

scheu: Mimulus

Schikanieren: Vine

Schlafbedürfnis, erhöht: Olive

Schlafstörungen: Agrimony * Aspen

schlechte Laune, ständige: Willow

Schleimhauterkrankungen: Oak

Schleimhautreizungen: Crab Apple

Schluckbeschwerden: Star of Bethlehem

Schmerzen: Aspen

Schmerzen, heftig und plötzlich: Holly

Schmerzen, starke: Rescue * Sweet Chestnut

Schnittverletzungen: Rescue

Schnupfen (sh. auch Atemwegserkrankungen): Holly * Scleranthus * Water Violet

Schock: Rescue * Rock Rose

Schockerlebnisse: Star of Bethlehem

schreckhaft: Mimulus

Schreien: Rock Rose

schüchtern: Centaury * Mimulus

Schuldgefühle: Pine

Schuppenflechte: Willow

Schürfwunden: Rescue

Schutztrieb, übertriebener: Beech * Chicory * Red Chestnut

Schwäche, plötzliche: Elm

Schwangerschaft: Scleranthus * Walnut

Schweißausbrüche: Elm

Schwitzen: Impatiens * Mimulus * Rock Rose

Sehprobleme: Chestnut Bud * Clematis * Star of Bethlehem

Selbstkontrolle, übertriebene: Rock Water

Selbstvertrauen, fehlendes: Cerato * Gentian * Larch

Selbstwertgefühl, schwaches: Beech * Centaury

selbstzerstörerisch: Agrimony * Clematis * Gentian * Mustard

sensibel: Agrimony * Centaury * Crab Apple

Sexualorgane (sh. auch Geschlechtsorgane): Chicory

Sexualverhalten, gestört: Wild Oat

Sonnenstich: Rescue * Rock Rose

Spannungszustände mit zwanghaften Handlungen: Cherry Plum

starr: Walnut

starren vor sich hin: Honeysuckle

Stauballergie: Crab Apple

Steifheit: Beech * Rock Water * Vine * Walnut

Sterbehilfe: Gorse * Rescue * Walnut

Stoffwechselstörungen: Chicory * Crab Apple * Wild Rose

stolz: Vine * Water Violet

Stubenunreinheit (sh. auch Protestpinkeln): Beech

Sturheit (sh. auch Dickköpfigkeit): Beech

T

Taubheit: Chestnut Bud * Rock Rose

teilnahmslos: Wild Rose

tolpatschig: Clematis * Larch

Trägheit: Clematis * Hornbeam * Mustard * Walnut * Wild Rose

Träumen, häufiges: Honeysuckle

träumend (sh. auch Abwesenheit): Clematis * White Chestnut

Traurigkeit: Clematis * Gorse * Honeysuckle * Hornbeam * Mustard * Star of Bethlehem * Sweet Chestnut * Wild Rose

Trotz: Willow

Tumore (sh. auch Krebs, Geschwüre): Cerato * Elm * Vine * Willow

Tyrannisieren: Aspen * Beech * Centaury * Vine

U

überaktiv: Vervain

überempfindlich, bei äußeren Reizen: Mimulus

überfordert: Hornbeam * Oak

Übergewicht: Agrimony * Cerato * Red Chestnut * Vine * Wild * Oat

überheblich: Vine

Überlastung: Agrimony * Hornbeam

Überlastungen, körperliche: Agrimony

übertreiben gerne: Heather

übervorsichtig (sh. auch Angst): Gentian * Mimulus * Pine

unaufmerksam: White Chestnut

Unausgeglichenheit: Beech * Scleranthus * White Chestnut

unbelehrbar: Willow

unentschlossen: Scleranthus * Wild Oat

unersättlich: Chicory

Unfall: Clematis * Rescue * Rock Rose

unfolgsam: Heather

Ungeduld: Impatiens

ungepflegt: Gorse

ungeschickt: Clematis * Larch

unkonzentriert (sh.auch Konzentrationsschwierigkeiten): Clematis * Scleranthus * Star of Bethlehem * Wild Oat

unmotiviert (sh. auch lustlos, motivationslos): Hornbeam

unnachgiebig: Rock Water

unnahbar: Water Violet

Unruhe: Crab Apple * Impatiens * Vervain * White Chestnut * Willow

Unruhe, extreme innere: Sweet Chestnut

Unruhe, innere: Agrimony

Unruhe, nächtliche: Scleranthus

Unruhe, ständige: Cherry Plum

Unruhe, starke: Rock Rose

Unsauberkeit: Beech

Unsicherheit: Cerato * Gentian * Larch * Pine * Red Chestnut * Scleranthus * Walnut * Water Violet

Unterkühlung: Rock Rose

unterwürfig: Agrimony * Centaury * Clematis * Crab Apple * Pine

unzufrieden: Impatiens * Wild Oat

unzuverlässig: Scleranthus

V

Venenentzündungen: Chestnut Bud

Veränderung: Walnut

Verbissenheit: Rock Water * Vervain

Verbitterung: Rock Water * Willow

Verbrennungen: Aspen * Rescue

Verdauung, sehr wechselhaft: Mustard * Wild Oat

Verdauungsprobleme: Beech * Cerato * Gentian * Gorse * Honeysuckle * Larch * Mimulus * Scleranthus * Sweet Chestnut * Vervain * White Chestnut * Wild Oat * Wild Rose

Vergeßlichkeit: Clematis * White Chestnut

Vergiftungen: Crab Apple * Rescue

Verhornungen: Cerato * Pine * Water Violet *

Verkrampfungen: White Chestnut

Verletzungen: Crab Apple * Rescue * Star of Bethlehem * Sweet Chestnut * Vervain * White Chestnut * Wild Oat

Verletzungen, schlecht heilend: Gorse * Holly * Hornbeam

Verschlossenheit: Water Violet

Verspannungen: Oak * Olive * Rock Rose * Rock Water * Star of Bethlehem * Sweet Chestnut * Vervain * Vine * White Chestnut

Verstauchungen: Rescue * Vervain * Wild Oat

Verstopfung: Agrimony * Centaury * Cherry Plum * Chicory * Honeysuckle * Red Chestnut * Rock Water * Vervain * Vine * Walnut

Vertrauen: mangelndes: Water Violet

verträumt (sh. auch Träumen, Abwesenheit): Clematis

Verzweiflung: Cherry Plum * Gorse * Rock Rose * Sweet Chestnut * Walnut

Vorsicht (sh. auch Angst): Walnut

Verstauchungen (sh. auch Verletzungen): Rescue * White Chestnut

W

Warzen: Scleranthus

Weben: Cherry Plum * White Chestnut

wechselhaft: Mustard * Scleranthus

Wehenschwäche (sh. auch Geburt): Elm

Wehleidigkeit: Chicory

Wetterfühligkeit: Aspen * Mustard * Scleranthus

Widerspenstigkeit (sh. auch Sturheit, dickköpfig): Vine

Widerstand: Willow

Willensschwäche: Centaury * Clematis * Crab Apple

Winseln (sh. auch Jaulen, Kläffen): Chicory

Wunden (sh. auch Verletzungen): Crab Apple

Wunden, klaffend: Agrimony

Wunden, schlecht heilend: Gentian * Gorse * Holly * Scleranthus * Wild Oat

Wundlecken: Mustard

Wurmbefall: Centaury * Cerato * Crab Apple

Wut: Holly * Rock Rose

Z

Zähneknirschen: White Chestnut

Zahnen: Walnut

Zahnerkrankungen: Cerato * White Chestnut

Zahnstein: Crab Apple

Zahnwechsel: Walnut

Zeckenbefall: Centaury * Crab Apple

Zerrungen (sh. auch Verletzungen): Wild Oat

Zerstörungstrieb: Chicory * Wild Oat

zerstreut: White Chestnut

ziellos: Wild Oat

Zittern: Aspen

zögerlich: Gentian * Scleranthus

Zorn: Willow

zurückhaltend: Clematis * Larch * Mimulus

Zweifel: Wild Oat

Zystenbildung: Chicory

Literatur

Mechthild Scheffer, Bach-Blütentherapie, Hugendubel Verlag, München

Mechthild Scheffer, Seelische Gesundheitsvorsorge für unsere Haustiere, Dr. Bach-Blüten AG, Zürich

Dr. Edward Bach, Gesammelte Werke, Aquamarin Verlag, Grafing

Renate Edelmann, Mit Bach-Blüten unsere Haustiere heilen, Ansata Verlag, Schweiz

Iona Sarah Solomom, Sanfte Medizin für Haustiere, Urania Verlags AG, Schweiz